バナナのお菓子

坂田阿希子

Yes, we have no bananas

Yes, we have no bananas
We have-a no bananas today.
We've string beans, and onions
Cabbages, and scallions,
And all sorts of fruit and say
We have an old fashioned to-mah-to
A Long Island po-tah-to
But yes, we have no bananas.
We have no bananas today.

1954年に公開された映画『麗しのサブリナ』で使われるバナナの歌。
　サブリナ（オードリー・ヘップバーン）は、「変な歌ね！」と言いながら、ハスキーな声で口ずさむ。劇中では、サブリナはこの歌を知らなくて、「知らないの？有名な歌だよ」と切り返されているが、ほんとうに有名な歌らしい。戦争中にバナナの輸入が禁止されたとき、アメリカでは街からバナナが消えてしまった。なじみのお客さんにNo!と言えない優しき青果店の店主は、"Yes, we have no bananas"というフレーズを思いつき、抗議の意味も込めて店の前に掲げた。そのユーモアが受けたのか、このフレーズから作られたバナナの歌が大ヒットしたのだ。半世紀以上たった今でも、"Yes, we have no bananas"というフレーズは、新聞記事の見出しでも繰り返されている。
　バナナはサブリナも言うように変てこなところがある。形も色も味も独特で、バナナはバナナ。バナナの皮ですべって転ぶジョークが誰もが知っている古典的ギャグであるように、存在感のあるコミカルな変てこさが愛されている理由かもしれない。アーティストたちのモチーフとしても、とっかえひっかえ使われている。この歌もいろんなアーティストが歌っているし、消費社会を批判的に見ていたウォーホルはポップアートの題材にした。野暮で小粋、かわいくて生意気、素直で天邪鬼（あまのじゃく）、冗談で本気、そんな相反する感覚や価値観も受け入れてしまう、マージナルで何にも属さない七変化度合いも、素材として魅力的だからなのだろう。
　『麗しのサブリナ』の筋立てはシンプルなシンデレラストーリー。サブリナは大富豪ララビー家に雇われている運転手の娘で、その家の息子デイビッドに恋い焦がれている。報われない恋を不憫（ふびん）に思った父親にパリの料理学校に入れられ、そこで出会った老男爵によってステキなレディーになっていく。ひとつひとつのシーンがコメディータッチでおもしろい。有名なのは、パリのル・コルドン・ブルーでのスフレ作りのシーンだ。しゅんとしたサブリナとフランス語訛（なま）りの偉そうなシェフとの対決。
　サブリナは心ここにあらずで、スフレを作っていた。ぱっつり切った前髪に高い位置でひっつめただけのポニーテール、きっちりとした黒いエプロン姿でオーブンからスフレを取り出して、他の生徒と同じように、シェフのチェックを待つ

ている。でもサブリナの持つスフレは、オーブン皿から今にもはみ出すようなおいしそうな気配は微塵もない。それはそうだ。彼女はオーブンのスイッチを入れ忘れたのだ。卵の割り方を教わる初心者クラスのときから、まったくやる気のないサブリナにシェフはなかば諦めた様子で、ったくもう…とサブリナの前を通り過ぎていく。

その様子を見ていた老男爵がサブリナに声をかける。

A woman happily in love, she burns the soufflé. A woman unhappily in love, she forgets to turn on the oven.

「幸せな恋をしている女の子が、スフレを焦がしてしまうんだよ。切ない恋をしていたら、オーブンのスイッチを入れ忘れてしまうものだよ」

その後、老男爵のアドバイスで見違えるようなステキなレディーになったサブリナは、アメリカに戻ってくる。プードルを連れ、七分袖のスーツを身に纏い、父の迎えを待っている姿は、別人のようなパリジェンヌ。たまたま通りかかったデイビッドは誰だかわからないほどの変身ぶりである。この変身後のファッションには、後に一世を風靡するサブリナスタイルがたくさん出てくる。襟の大きなAラインコートや、華奢な肩ストラップのブラックドレス、大きめのメンズのシャツをカシュクールのように腰に巻きつけ、眉の上で切った利発そうな前髪。スリムなラインがはっきり出るサブリナパンツとバレエシューズの組み合わせ。シンプルでモダンな、'60年代を先取りしたファッションの数々である。いつも伏し目がちに「月には手が届かない」と諦めていたやせっぽちの女の子の変わりように、世の女性たちは激しくときめいたのだった。

そして、新しい恋のきっかけになる大事な場面で、冒頭のバナナの歌が流れるのである。

そうか、恋の始まりはバナナだったんだ！

バナナはただ甘いだけの果物ではない。おもしろい素材。シンプルだけど複雑、素朴だけど洗練された顔も見せてくれる、おめかししがいのある、まだまだ未知数の女の子。誰かの恋の始まりになるお菓子になればいいな。オーブンのスイッチを忘れないように！

Contents

バナナのお誕生日ショートケーキ — 8
バナナとカラメルのエクレール — 12
バナナの貴婦人帽子 — 16
バナナのアイスクリーム — 20
カラメルバナナパフェ — 22
まっしろバナナドーナッツ — 24
バナナとシナモン風味のマチェドニア — 26
バナナ入りのガトーショコラ — 28
バナナとココナッツファインのパンケーキ — 30
バナナの大きめスコーン — 34
バナナのコンフィチュール — 36
バナナとパッションフルーツのコンフィチュール — 36
バナナを積んだ小舟 — 38
薔薇とバナナのメレンゲサンド — 40
バナナと生ハムのティータイムサンドイッチ — 42
バナナとチョコレートのプチムース — 44
バナナのティラミス — 48
澄ましたバナナのジュレ — 50
バナナカスタードプリン — 52
バナナのホワイトドーム — 54
バナナソテーを添えたクレープ — 56

バナナのチーズテリーヌ — 58

バナナとスイートポテトのタルト — 60

王冠バナナクグロフ — 62

バナナの香りのマシュマロ — 64

ブランマンジェ若草物語 — 68

バナナスフレ — 70

マンゴーとバナナの卵色スープ — 72

バナナとココナッツのおめかしロール — 74

ミックスジュース — 77

バナナセーキ — 78

バナナとヨーグルトの飲み物 — 78

バナナ入りミルクティー — 78

この本の決まり

- バナナ1本は100g前後の平均的なサイズを目安にしています。バナナをきちんと計量していただきたいレシピには、重量も併せて表記しています。
- 室温は20〜25℃を想定しています。バターやクリームチーズを室温で柔らかくする場合は、30分を目安にしてください。
- 卵の個数はMサイズを使用したときの目安です。
- 計量スプーンは大さじ1は15ml、小さじ1は5mlになります。
- 電子レンジの加熱時間は600Wを目安にしています。
- オーブンの焼き時間は目安です。オーブンそれぞれにくせがありますので、様子を見ながら調整してください。
- イタリアンメレンゲ（40頁、64頁）を作るときは、電動ミキサーを使用してください。
- 料理写真の花はすべて装飾用です。

バナナは世界中で栽培されています。日本でよく見かけるのはジャイアント・キャンベディッシュという品種。
国産バナナでは沖縄の「島バナナ」と呼ばれる、小ぶりなものが有名です。

Banana Birthday Shortcake

バナナのお誕生日ショートケーキ

　ケーキといえばお誕生日パーティーの主役。ろうそくを立ててふぅーと吹き消すケーキは、クレーム・シャンティがきれいにコーティングされたショートケーキでなければ。ショートケーキは、西洋菓子の影響を受けて作られた日本生まれの日本育ち。今では逆輸入されてパリの高級住宅地16区でもショーケースに並べられています。定番のいちごで作るのもかわいいですが、バナナとベリーの組み合わせは甘みと酸味がほんわりと控えめで、見た目も大人っぽくなります。

材料（直径15cmの丸型1台分）

スポンジ生地
- 全卵　2個
- きび砂糖　50g
- 薄力粉　60g
- 牛乳　10ml
- バター（食塩不使用）　5g

シロップ
- グラニュー糖　25g
- ラム酒　小さじ1
- 水　50ml

バナナ　2本
レモン汁　小さじ1

クレーム・シャンティ
- 生クリーム　200ml
- グラニュー糖　大さじ2
- マデラ酒　小さじ1

ブルーベリー、ブラックベリー　各適量

準備

- 卵は室温に戻す。
- 薄力粉はふるう。
- 型の底と側面にオーブン用ペーパーを敷く。
- オーブンは180℃に予熱する。

作り方

1 ─ スポンジ生地を作る。ボウルに卵を入れてほぐし、きび砂糖を加えて湯せんにかけ、白くもったりとするまで泡立てる。

2 ─ 薄力粉を*1*に加え、ゴムべらでむらがなくなるまで手早く混ぜ合わせる。

3 ─ 小鍋に牛乳とバターを入れて火にかけ、バターが溶けたら*2*に加えて混ぜ合わせる。

4 ─ 型に*3*を流し入れ、180℃のオーブンで約30分焼き、焼き上がったら型から取り出し室温で冷ます。

5 ─ シロップを作る。ボウルにグラニュー糖、ラム酒、水を入れ、グラニュー糖が溶けるまでよく混ぜ合わせる。

6 ─ バナナは約5mm厚さの輪切りか半月切りにし、レモン汁をふる。

7 ─ クレーム・シャンティを作る。ボウルに生クリームを入れ、底を氷水に当てながらグラニュー糖を加えてゆるく泡立て、マデラ酒を加えて混ぜ合わせる。

8 ─ *4*のスポンジ生地を横2枚にスライスする。底になるスポンジの断面に*5*のシロップを塗り、*7*のクレーム・シャンティを薄く塗って、上にバナナを並べる。続けて、バナナが隠れるくらいクレーム・シャンティを塗る。

9 ─ 上になるスポンジの断面にシロップを塗って*8*に重ね、上面にもシロップを塗る。さらにクレーム・シャンティをたっぷりのせ、側面に落としながら表面をパレットナイフでならす。

10 ─ 残りのクレーム・シャンティを、丸形の口金をつけた絞り出し袋に入れてふちを飾りつけ、*6*のバナナとベリー類を飾る。

スポンジ生地を作る

卵と砂糖を白くもったりとするまで混ぜる。湯せんからはずして、最後に泡立て器でゆっくりと混ぜてむらをなくす。生地の上に線が描ける程度になればOK。

薄力粉を入れたら、底から返すように手早く混ぜる。へらを時計回りに、ボウルを時計と反対回りに動かすと手早く混ざる。

泡をつぶさないように、火にかけた牛乳とバターを、へらで一度受けてから生地に加え、さっくりとむらがなくなるまで混ぜる。

型に生地を流し入れ、型をとんとんと数回落として気泡を抜き、表面をならす。

仕上げる

スポンジ生地の一番上は薄く切り取り、横半分に切る。底になるスポンジの断面にシロップを塗り、薄くクレーム・シャンティを塗ってバナナを並べる。バナナの上から、バナナが隠れるまでクレーム・シャンティを塗る。

上になるスポンジは、薄く切り取った面を下にして底になるスポンジに重ねる。重ねる面にはシロップを塗っておく。

上面にシロップを塗ってクレーム・シャンティを中央に多めにのせる。上面を塗り、側面に落ちた分をパレットナイフを縦にして、回転台を回しながら側面に塗る。仕上げのクレーム・シャンティは、作業中にも泡立ってざらついてくるので、ゆるく泡立てて必ず氷水のボウルに当てる。

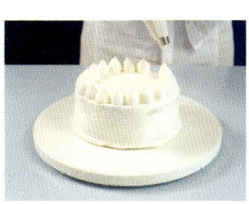
絞り出し袋を縦にしてふちに絞り出し、フルーツを飾る。クレーム・シャンティは状態が変わりやすいので、少し柔らかいうちに絞り出すときれいに仕上がる。

Banana Caramel Cream Éclair

バナナとカラメルのエクレール

　フランスの天才菓子職人アントナン・カレームが作ったエクレール。彼はフランス革命で路上に放り出され、苦学の末に"国王のシェフ"と言われるまで出世するのですが、多くの菓子や料理を現代に残しています。エクレアは、今はチョコレートを衣にしたものが多いですが、当時はカラメルがけだったそう。バナナの香りを生かすにはカラメルがちょうどよいでしょう。エクレールのフランス語の意味は「稲妻」。中のクリームが飛び出さないよう稲妻のごとく素早く食べなければならないから、という説が有力です。

材料（約12個分）

シュー生地
- 水　60ml
- 牛乳　60ml
- 塩　ひとつまみ
- グラニュー糖　小さじ1
- バター（食塩不使用）　60g
- 薄力粉　70g
- 全卵　2個

カスタードクリーム
- 卵黄　4個分
- きび砂糖　100g
- 薄力粉　40g
- 牛乳　400ml
- バニラビーンズ　½本
- バター　適量
- ラム酒　小さじ2

カラメルソース
- グラニュー糖　100g
- 水　大さじ6

カラメルグラス
- 上記のカラメルソース　40g
- ホワイトチョコレート　40g

バナナ　2本
レモン汁　適量

準備

- バターは室温に戻し、柔らかくする。
- 薄力粉はふるう。
- 卵は室温に戻す。
- 天板にオーブン用ペーパーを敷く。
- オーブンは190℃に予熱する。

作り方

1 — シュー生地を作る。鍋に水、牛乳、塩、グラニュー糖、バターを入れて火にかけ、沸騰してバターが溶けたら、薄力粉を一度に加える。へらでかき混ぜながら中火にかけ、生地がひとまとまりになって粉っぽさがなくなったら、ボウルに移す。

2 — 卵をよく溶きほぐして1に少しずつ加え、生地を持ち上げると、ゆっくりと落ちる程度まで溶き卵を混ぜる。

3 — 丸形の口金をつけた絞り出し袋に2の生地を入れ、天板に約7cm長さに絞り出す。2で残った溶き卵をフォークの背につけて、生地を軽く押さえる（卵が残っていなければ水を使う）。

4 — 3を190℃のオーブンで15分焼き、焼き色がついたら、180℃に下げて15分焼く。焼き上がったら室温で冷ます。

5 — カスタードクリームを作る。ボウルに卵黄をほぐし、きび砂糖を入れてすり混ぜ、薄力粉を加えて混ぜ合わせる。

6 — 鍋に牛乳とバニラビーンズをさやごと入れて火にかけ、沸騰直前で火を止め、5に加えて混ぜ合わせる。バニラビーンズはしごいて中身を加え、混ぜ合わせる。

7 — カラメルソースを作る。鍋にグラニュー糖と水大さじ2を入れてゆすりながら火にかける。キャラメル色になったら、水大さじ4を加える。40g分（約大さじ4）を取り分けておく。

8 — 6をこして鍋に入れて火にかけ、とろみとつやが出てきたら火から下ろして、7のカラメルソースを混ぜる。バットにあけて、表面にバターをちぎって置き、室温で冷ます。

9 — カラメルグラスを作る。7で取り分けたカラメルソースが温かいうちに、ホワイトチョコレートを混ぜ合わせる。

10 — バナナは約5mm厚さの輪切りにし、レモン汁をふる。

11 — 8のクリームの粗熱が取れたら、ラム酒を加えて、星形の口金をつけた絞り出し袋に入れる。4のエクレアの上⅓を横に切り、底になるシューに絞り出してバナナを並べる。

12 — 11のふたになるシューの表面に9のカラメルグラスをスプーンでのばし、室温で固める（カラメルグラスが冷めている場合は、再度、小鍋で温めてから使う）。11のシューの上にのせる。

シュー生地を作る

鍋に材料を入れて火にかけ、手早く混ぜる。鍋底にうっすらと膜がはって、ひとまとまりになったら、ボウルに移す。

生地が熱いうちに溶き卵を少しずつ加える。最初は混ざりにくいが、だんだんとなじんでくる。

生地を持ち上げると、ポトッと落ち、へらに生地が三角形に残る程度まで溶き卵を加える。卵が足りない場合はさらに卵を加える。

絞り出し袋に生地を入れ、空気が入らないようにねじって持ち、寝かせて真っすぐ絞り出す。絞り終わりの飛び出した部分は、溶き卵をフォークにつけて押さえる。最後に霧を吹くと、表面がパリッと仕上がる。

カラメルソースを作る

カラメルソースは、へらなどを使わず、たまに鍋をゆすりながら作る。だんだんと色がついてくるので、キャラメル色になったら水をジャッと入れる。

カラメルグラスを作る

カラメルソースが温かいうちにチョコレートに加える。なめらかになるまで手早く混ぜる。

カスタードクリームを作る

卵黄ときび砂糖をすり混ぜる。ジャリジャリと音がしなくなり、もったりとしてくる。

薄力粉を入れて、むらがなくなるまで混ぜる。温めた牛乳を少しずつ加え、手早く混ぜる。

ざるでこして鍋に戻し、火にかけたら、底が焦げないようにたえず混ぜる。鍋の中心がふつふつとして、とろみがついてつやが出てきたら、火を止める。

火から下ろして、温かいうちにカラメルソースを混ぜて、ゴムべらでむらがなくなるまで混ぜる。

バットに流し入れ、ちぎったバターを置く。空気が入らないようにラップをかけて置いておく。

Banana Charlotte Cake
バナナの貴婦人帽子

　18世紀ごろ、シナモンで香りをつけたミルクにパンをひたして型に敷き、果実のピューレを流し込んで作られたお菓子が原型。19世紀に菓子職人のアントナン・カレームにより、ビスキュイとババロアを使った美しく洗練された冷菓「シャルロット・ア・ラ・パリジェンヌ」に生まれ変わりました。ひんやりとした舌触りのババロアに軽い口当たりのビスキュイの組み合わせは、それまでの焼き菓子にはない都会的なセンスを感じさせたことでしょう。「シャルロット」は英国王室妃の名前にちなんでつけられ、その形は、当時女性に人気があった帽子に似せて作られました。

材料（直径12cmのシャルロット型1台分）

ビスキュイキュイエール
- 全卵　2個
- グラニュー糖　60g
- 薄力粉　60g
- 粉糖　適量

ババロア
- 卵黄　1個分
- グラニュー糖　70g
- 牛乳　200ml
- 板ゼラチン　5g
- バナナ　1本
- レモン汁　小さじ2
- 生クリーム　100ml

シロップ
- ラム酒　小さじ2
- 水　大さじ2
- グラニュー糖　大さじ2

ホイップクリーム
- 生クリーム　100ml
- グラニュー糖　小さじ1

バナナ　小1本

準備

- 卵は室温に戻す。
- 薄力粉はふるう。
- 天板にオーブン用ペーパーを敷く。
- オーブンは200℃に予熱する。
- ゼラチンはたっぷりの水につけてふやかす。

作り方

1 ― ビスキュイキュイエールを作る。卵は卵黄、卵白に分け、ボウルに卵白を入れてほぐし、グラニュー糖を3〜4回に分けて加えながら泡立て、しっかりと角の立つメレンゲを作る。

2 ― 別のボウルに卵黄をほぐし、ゴムべらで*1*に加え、マーブル状に混ざったら、薄力粉を加えてさっくりと混ぜる。

3 ― 丸形の口金をつけた絞り出し袋に*2*を入れ、ケーキの側面になる7×20cmの生地を2枚と、ケーキの底になる直径10cmの渦巻き状の生地の2種類を天板に絞り出す。

4 ― *3*に粉糖をたっぷりとふり、200℃のオーブンで7〜8分焼いて室温で冷ます。

5 ― ババロアを作る。ボウルに卵黄を入れてほぐし、グラニュー糖を加えてすり混ぜる。牛乳を加えて混ぜ合わせ、鍋に移して火にかけ、とろみがつくまで温める。火を止めてからゼラチンを加え、余熱で溶かす。

6 ― バナナはレモン汁といっしょにフードプロセッサーにかけてピューレ状にする。生クリームはゆるく泡立てる。

7 ― *5*をざるでこしてボウルに移し、底を氷水に当てて冷ます。*6*のバナナのピューレを加える。とろみがついてきたら、*6*の生クリームを加えて混ぜる。

8 ― シロップを作る。ラム酒、水、グラニュー糖を合わせ、グラニュー糖が溶けるまでよく混ぜ合わせる。

9 ― 成形する。*4*の長方形のビスキュイを型の側面に立てるように敷き込む。*8*のシロップを内側に塗り、*7*のババロアを流し入れ、渦巻き状のビスキュイでふたをして、冷蔵庫で1時間以上冷やし固める。

10 ― ホイップクリームを作る。ボウルに生クリームを入れ、底を氷水に当てながらグラニュー糖を加えてゆるく泡立てる。

11 ― *9*を器に取り出して、約5mm厚さの輪切りにしたバナナをのせ、丸形の口金をつけた絞り出し袋に*10*を入れて、ふちに絞る。

ビスキュイキュイエールを作る

メレンゲを作るときは、卵白を少し泡立ててからグラニュー糖を入れる。

グラニュー糖を3～4回に分けて加え、角が立つまで泡立てる。最後に電動ミキサーを低速にして全体を泡立てると、むらがなくなる。

卵黄と薄力粉を加え、ゴムべらで底から返すように混ぜる。へらを時計回りに、ボウルを時計と反対回りに動かすと手早く混ざる。

真っすぐ生地を絞り出せるよう、オーブン用ペーパーに軽く折り目をつける。空気が入らないように絞り出し袋をねじって持ち、寝かせながら生地を絞り出す。

粉糖はすぐに水分を吸ってしまうので、焼く直前にたっぷりとふる。

ババロアを作る

卵黄とグラニュー糖をすり混ぜる。ジャリジャリと音がしなくなり、もったりとしてくる。牛乳を加えて火にかけ、底が焦げないように混ぜながら、ポタージュくらいの軽いとろみがつくまで混ぜる。

火から下ろしてゼラチンを加え、底を氷水に当てながらざるでこす。バナナのピューレを加えて、むらがなくなるまで手早く混ぜる。

生クリームを混ぜるときは、泡立て器で1/3量をすくい入れてから、手早く混ぜて生地を軽くし、残りをゴムべらでさっくりと混ぜる。

成形する

ビスキュイが焼き上がったら、型に合わせてサイズを調整しながら敷き込む。あとでババロアを流し込むので、すき間のないように。

ババロアを流し入れたら、型を数回落として気泡を抜き、表面をならす。渦巻き状のビスキュイでふたをして軽く押さえる。

Banana Ice Cream

バナナのアイスクリーム

バナナのねっとりとした質感を生かしたアイスクリーム。
ちょっと甘いものが食べたいときに作っておくと喜ばれます。

材料（5〜6人分）

バナナ　2本（240g）
レモン汁　大さじ2
卵黄　3個分
きび砂糖　90g
ブランデー　小さじ2
牛乳　200ml
生クリーム　200ml

準備

- 卵は室温に戻す。
- 金属製のバットを冷凍庫で冷やす。

作り方

1 ── バナナはレモン汁といっしょにフードプロセッサーにかけてピューレ状にする。

2 ── ボウルに卵黄を入れてほぐし、きび砂糖を加えて白くもったりとするまで泡立てる。*1*を加えてよく混ぜ、ブランデー、牛乳、生クリームを加えて混ぜ合わせ、大きめの金属製のバットに流し入れる。

3 ── 冷凍庫に入れ、約1時間でまわりが固まってきたら、スプーンで大きく混ぜる。30分ごとに数回混ぜて、なめらかな状態にする。

バナナをピューレにする方法

フォークで　　　　　　　　　　　　　　　　　　フードプロセッサーで

なめらかな舌触りを楽しみたいアイスクリームやマシュマロ、きめ細かい生地に焼き上げたいクグロフなど、少しおめかし感のあるお菓子を作るときは、フードプロセッサーでバナナを撹拌します。フォークでつぶせば、つぶつぶとした食感が残る素朴な仕上がりに。

Caramelized Banana Parfait

カラメルバナナパフェ

バナナのアイスクリームを使ったシンプルなパフェ。
アメリカンアンティークのような雰囲気のあるプレスガラスに盛りつけたい。

材料（4人分）

アングレーズソース
- 卵黄　2個分
- グラニュー糖　20g
- 牛乳　120ml
- バニラビーンズ　1/4本
- ラム酒　少々

ホイップクリーム
- 生クリーム　100ml
- グラニュー糖　大さじ1

バナナ　2本

カラメルソース
- グラニュー糖　大さじ3
- 水　適量

スポンジ（市販）　適量

バナナのアイスクリーム　適量
　　　　　　　（20頁参照）

準備

- 卵は室温に戻す。
- グラスを冷凍庫で冷やす。

作り方

1 ── アングレーズソースを作る。ボウルに卵黄を入れてほぐし、グラニュー糖を加えてすり混ぜる。

2 ── 鍋に牛乳とバニラビーンズをさやごと入れて火にかけ、沸騰直前で火を止め、*1*に少しずつ加えて混ぜ合わせる。バニラビーンズはしごいて中身を加え、混ぜ合わせる。

3 ── 鍋に*2*を戻して中火にかけ、たえず混ぜる。とろみがついたら、火から下ろし、鍋底を冷水につける。粗熱が取れたら、ラム酒を加える。

4 ── ホイップクリームを作る。生クリームにグラニュー糖を加えて角が立つまで泡立てる。

5 ── バナナは飾り用に1本を縦横に切って4等分にする。残りの1本は5〜6mm厚さの輪切りにする。

6 ── カラメルソースを作る。鍋にグラニュー糖と水少々を入れてゆすりながら火にかける。キャラメル色になったら、水少々を加える。*5*の飾り用に切ったバナナをフォークに刺して、ソースが熱いうちに手早くからめる。オーブン用ペーパーを敷いたバットにのせ、室温でカラメルが固まるまで冷ます。

7 ── グラスに*3*のアングレーズソースを少し入れ、ひと口大に切ったスポンジ、バナナのアイスクリーム、*5*の輪切りのバナナを重ねる。一番上にバナナのアイスクリームをディッシャーですくってのせ、*4*のホイップクリームを星形の口金をつけた絞り出し袋に入れて絞り出す。残りのアングレーズソースをかけ、*6*のバナナを飾る。

Powdered Banana Doughnut

まっしろバナナドーナッツ

発酵させるタイプの弾力があるドーナッツ。
口のまわりに白いひげができてしまうくらい粉糖をたっぷりふって、もふもふ食べたい。

材料（約15個分）

バナナ　1本
全卵　1個
牛乳　60ml
薄力粉　100g
強力粉　200g
ベーキングパウダー　小さじ2
塩　4g
きび砂糖　40g
バター（食塩不使用）　20g
発酵だね
　　ドライイースト　5g
　　きび砂糖　小さじ1
　　ぬるま湯（35〜36℃）　30ml
揚げ油　適量
粉糖　適量

準備

- 卵は室温に戻す。
- 薄力粉、強力粉、ベーキングパウダーは合わせてふるう。
- バターは室温に戻し、柔らかくする。
- ドライイースト、きび砂糖、ぬるま湯を混ぜて、発酵だねを作る。

作り方

1 ── バナナはフォークでつぶしてピューレ状にする。卵はしっかりと溶きほぐす。牛乳は人肌程度に温める。

2 ── 大きめのボウルに薄力粉、強力粉、ベーキングパウダー、塩、きび砂糖を入れ、真ん中をくぼませ、バター、発酵だね、1のバナナと溶き卵を加える。温めた牛乳を少しずつ加えながら混ぜる。

3 ── まとまってきたら、ボウルにたたきつけるようにしてよく練る。粉っぽさがなくなりひとまとまりになったら、ボウルにぬれぶきんをかけて、28〜30℃の暖かい場所で約1時間発酵させる。約2倍の大きさになったら（a・b）、手に粉をつけてからたたいてガス抜きをし（c）、生地を丸くまとめて（d）打ち粉（分量外）をした台に取り出す。

4 ── めん棒で厚さ1cmにのばし、直径6.5cmのドーナッツ型で抜く。打ち粉（分量外）をした台に並べたら、全体に霧を吹き、ふっくらとするまでさらに約20分室温で発酵させる。

5 ── 170℃の揚げ油できつね色になるまで揚げ、熱いうちに粉糖をまぶす。

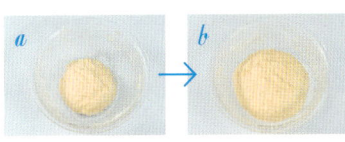

発酵は夏場なら室温で、冬場なら火を使うガスコンロのそばで。オーブンの発酵機能を使ってもよい。

ねっとりした柔らかい生地なので、手に粉をつけて、下にくるんと生地を折り込むように丸くまとめる。

Cinnamon-flavored Banana Macedonia

バナナとシナモン風味のマチェドニア

シナモンとバナナのフレーバーが楽しい。まとめて作っておけば気の利いたデザートがすぐできます。バニラアイスクリームを添えても。

材料（4〜5人分）

シロップ
> グラニュー糖　大さじ3
> 白ワイン　100ml
> シナモンスティック　1本
> カルダモン　5粒
> キルシュワッサー　小さじ2

バナナ　3本
ブルーベリー　150g
ブラックベリー　80g

作り方

1 ── シロップを作る。鍋にグラニュー糖、白ワイン、二つに割ったシナモンスティック、軽くつぶしたカルダモンを入れて火にかける。沸騰させて白ワインのアルコール分をとばし、火を止めてからキルシュワッサーを加える。

2 ── 3〜4cm厚さに切ったバナナ、ブルーベリー、ブラックベリーをボウルに入れ、*1* のシロップが熱いうちにかけて、粗熱が取れたら冷蔵庫で冷やす。

Banana Gâteau au Chocolat

バナナ入りのガトーショコラ

ガトーショコラの濃厚な風味に負けない果物はなかなかないかも。
いびつな形にふくらんでも、ニュアンスがあって楽しいケーキです。

材料（直径15cmの丸型1台分）

スイートチョコレート（製菓用）　75g
バター（食塩不使用）　75g
卵黄　3個分
グラニュー糖　120g
生クリーム　30ml
バナナ　2本（200g）
薄力粉　15g
ココアパウダー　20g
卵白　3個分

準備

- バターは室温に戻し、柔らかくする。
- 卵は室温に戻す。
- 薄力粉とココアパウダーを合わせてふるう。
- 型の底と側面にオーブン用ペーパーを敷く。
- オーブンは160℃に予熱する。

作り方

1 ── スイートチョコレートは細かく刻んでボウルに入れ、バターも加えて湯せんで溶かす。

2 ── ボウルに卵黄を入れてほぐし、グラニュー糖50gを加えて白くもったりとするまですり混ぜる。*1*を加えてよく混ぜ、生クリームを加えて混ぜ合わせる。

3 ── バナナ100gはフォークでつぶしてピューレ状にし、残りは3cm長さに切る。

4 ── 薄力粉とココアパウダーを*2*に加えて手早く混ぜ合わせ、*3*のピューレ状にしたバナナを加える。

5 ── メレンゲを作る。ボウルに卵白をほぐし、残りのグラニュー糖70gを3～4回に分けて加えながら、角が立つまで泡立てる。

6 ── *4*にメレンゲの1/3量を泡立て器ですくい入れてよく混ぜる。生地が軽くなったら、残りのメレンゲをすべて加え、ゴムべらに持ち替えて泡をつぶさないように、むらがなくなるまでさっくりと混ぜ合わせる。

7 ── 型に*6*を流し入れ、5cm高さくらいからテーブルに2回ほど型を落として生地の気泡を抜き、*3*の切ったバナナを並べる。

8 ── 160℃のオーブンで40～45分焼き、室温で冷ます。型から出して、仕上げにココアパウダー（分量外）をふる。

Banana Coconut Pancakes

バナナとココナッツファインのパンケーキ

ミックス粉もおいしいですが、食感と香りがワンパターンになりがち。
バナナとココナッツを合わせると変化が出ます。バター、メープルシロップを添えて。

材料（直径15cm 約15枚分）

バナナ　2本
全卵　1個
上白糖　大さじ2
牛乳　200ml
ココナッツミルク　50ml
薄力粉　130g
ベーキングパウダー　大さじ1
塩　ひとつまみ
溶かしバター（食塩不使用）　20g
ココナッツファイン　20g
サラダ油　適量

準備

- 卵は室温に戻す。
- 薄力粉、ベーキングパウダー、塩は合わせてふるう。

作り方

1 — バナナはフォークでつぶしてピューレ状にする。

2 — ボウルに卵を入れてほぐし、上白糖を加えてすり混ぜる。牛乳、ココナッツミルクを加えてよく混ぜ、薄力粉、ベーキングパウダー、塩を加えて混ぜる。溶かしバターと*1*、ココナッツファインを加えて混ぜ合わせる。

3 — フライパンを熱して、薄くサラダ油をひく。フライパンをぬれぶきんの上で冷まし、*2*の生地を玉じゃくしですくって入れ、中火で焼く。表面にふつふつと泡が出てきたら、裏返して1〜2分焼いて取り出す。

バナナのお菓子でおめかしティーパーティー

ティーパーティーといえば、『ふしぎの国のアリス』を思い出します。
女王様に時間を奪われ、いつもお茶の時間を生きていなくてはいけない
帽子屋さんが出てくるパーティー。
子どものころ、毎日がおやつの時間だったらいいのにと、羨(うらや)ましかったもの。
アリスの話に出てくるような、大きな紅茶のポットが欲しくなりました。

バナナのティーパーティーはとろけそうなバナナの甘い香りが
一番のおもてなしだから、
見た目は静かな青でおしとやかに。
ひんやりとした涼しげなガラスに、プチフールたちをお行儀よく並べてください。
爽やかな風と薄日がある日なら窓を少しあけて。
そうそう、忘れてはだめなこと。
尽きないおしゃべりには、紅茶のためのお湯をたっぷり沸かしておいて。

左から
バナナの大きめスコーン（34頁）
バナナのコンフィチュール（36頁）
バナナと生ハムのティータイムサンドイッチ（42頁）
バナナを積んだ小舟（38頁）
薔薇とバナナのメレンゲサンド（40頁）
バナナとチョコレートのプチムース（44頁）

Banana Scone

バナナの大きめスコーン

何よりも紅茶にぴったりのお菓子。バナナの香りがほんのりと効いたおしゃれなスコーンです。クロテッドクリームやジャムを添えても。

材料（6〜7個分）

全卵　1個
牛乳　40ml
薄力粉　250g
ベーキングパウダー　大さじ1
上白糖　25g
塩　ひとつまみ
バター（食塩不使用）　70g
バナナ　½本

準備

- 卵は室温に戻す。
- 薄力粉、ベーキングパウダー、上白糖、塩は合わせてふるう。
- 天板にオーブン用ペーパーを敷く。
- オーブンは180℃に予熱する。

作り方

1 ── ボウルに卵と牛乳を入れてよく混ぜ合わせる。

2 ── 別のボウルに薄力粉、ベーキングパウダー、上白糖、塩を入れ、冷やしたバターを細かく切って加える。ゴムべらやカードなどでバターが粉に混ざるように手早く混ぜる。粉がなじんできたら、指先を使ってさらに混ぜる。全体的に黄色っぽくなり、もろもろとしたそぼろ状になったら、*1* の半量を加えて混ぜ合わせる（*a*）。

3 ── バナナをフォークでつぶしてピューレ状にし、*2* に混ぜ、*1* の残りを加えながら生地がひとつにまとまるように手早く混ぜ合わせる（*b*）。

4 ── 打ち粉（分量外）をした台に取り出して、めん棒で3cm厚さにのばし、直径7cmのセルクルで抜く。180℃のオーブンで10〜15分焼く。バナナのコンフィチュール（36頁参照）を添える。

a　*b*

細かく切った冷たいバターを、粉になじませるようにまとめていく。

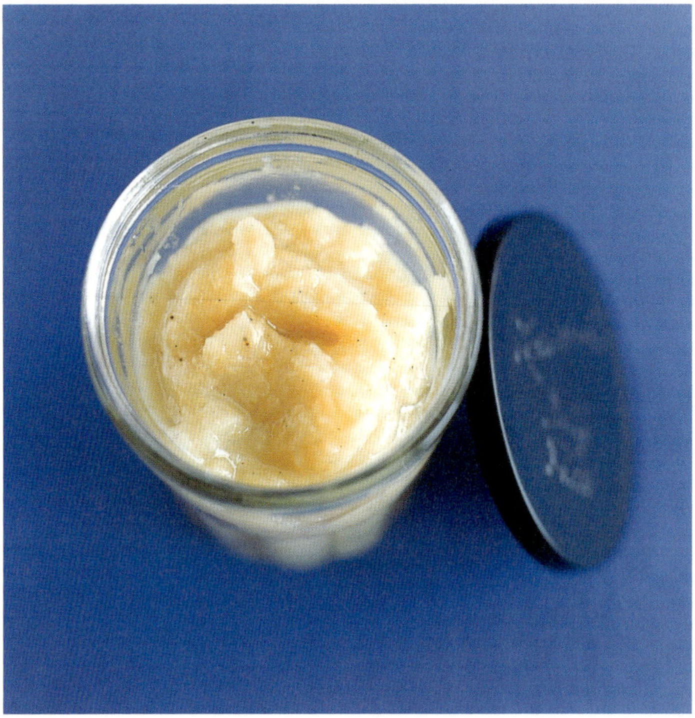

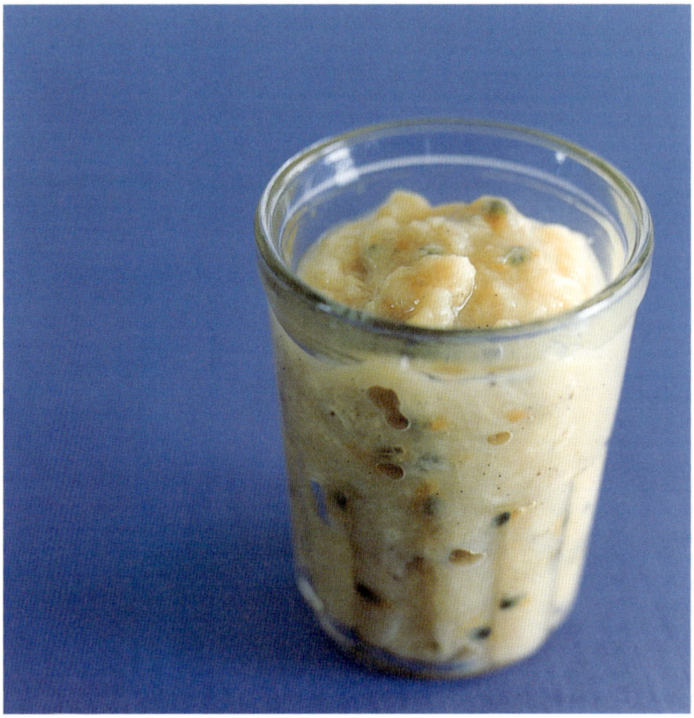

バナナのコンフィチュール二種

バナナはもともと水分が少ないので、スピーディーに作ることができます。
たくさん買って何本か真っ黒になりそうなときは、作っておきましょう。

Banana Confiture
バナナのコンフィチュール

材料（約300g分）

バナナ　2本（200g）
グラニュー糖　80g
水　80ml
バニラビーンズ　1/3本
レモン汁　大さじ2

作り方

1 ― バナナは1〜2cm角に切って鍋に入れ、グラニュー糖、水、さやごとのバニラビーンズ、レモン汁を加える。弱めの中火で、アクを取りながら混ぜて、焦がさないように約10分煮る。

2 ― バニラビーンズをしごいて中身を加え、混ぜ合わせる。

3 ― 熱湯消毒した瓶にコンフィチュールを入れる。冷蔵庫で約3週間保存可能。開封したら早めに食べきる。

Banana and Passion fruits Confiture
バナナとパッションフルーツのコンフィチュール

材料（約400g分）

バナナ　2本（200g）
グラニュー糖　80g
水　80ml
レモン汁　小さじ1/2
パッションフルーツ　1個
ラム酒　小さじ1/2

作り方

1 ― バナナをフォークでつぶしてピューレ状にし、鍋に入れ、グラニュー糖、水、レモン汁を加える。弱めの中火で、アクを取りながら混ぜて、焦がさないように約10分煮る。

2 ― パッションフルーツは半分に切って、種と果肉を取り出す。

3 ― 1が半量程度になってとろみがついてきたら、2を種ごと加え、約5分煮る。火を止めてからラム酒をふる。

4 ― 熱湯消毒した瓶にコンフィチュールを入れる。冷蔵庫で約3週間保存可能。開封したら早めに食べきる。

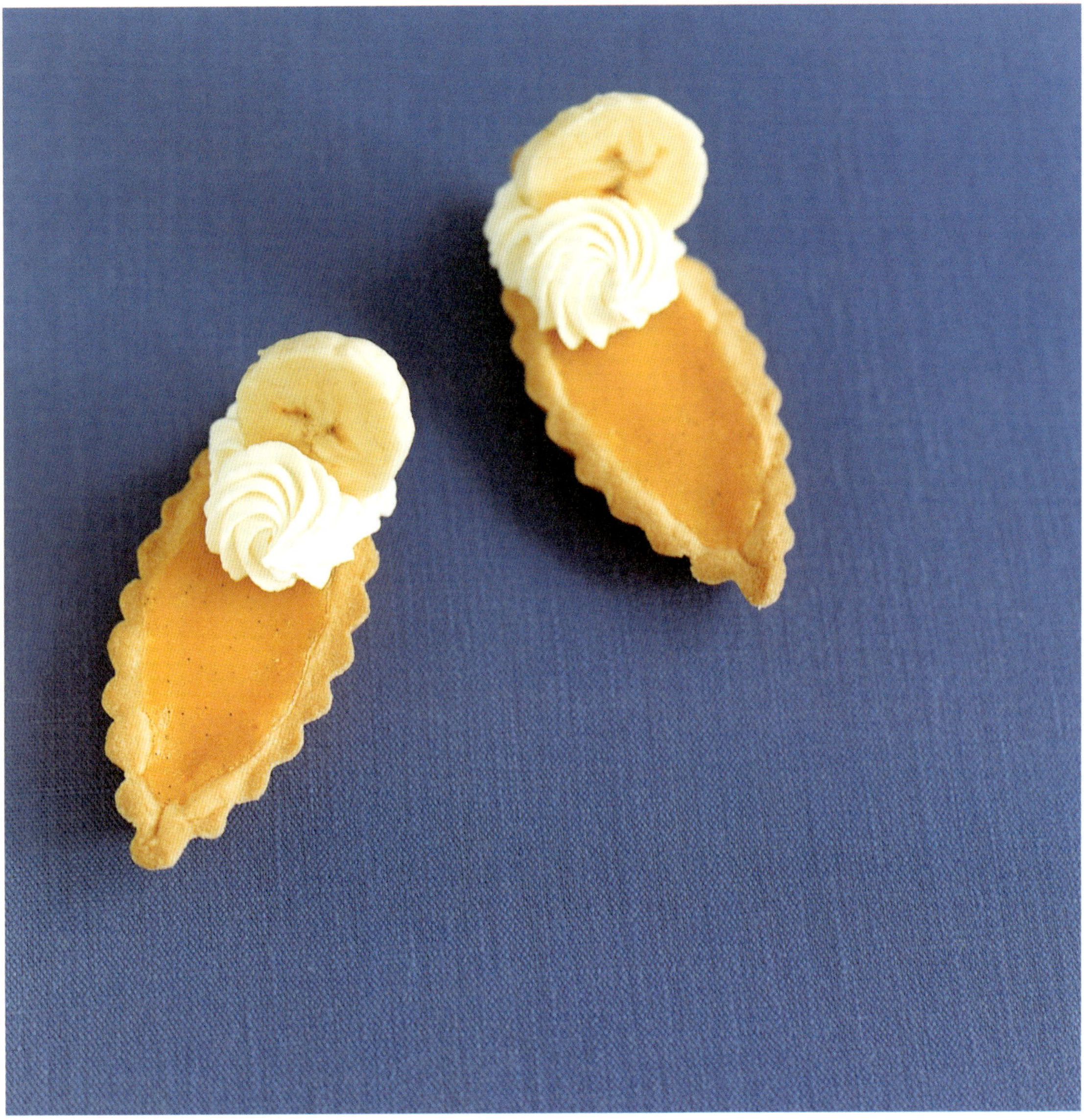

Banana Boat Tart

バナナを積んだ小舟

バナナを帆に見立てたタルトは小さな舟。並んでいるとかわいらしい。
小さなレモンスライスをバナナといっしょに飾っても。

材料（約10個分）

タルト生地
- バター（食塩不使用）　80g
- 粉糖　60g
- 卵黄　1個分
- 水　小さじ½
- 薄力粉　160g

レモンクリーム
- 全卵　1個
- 卵黄　1個分
- グラニュー糖　70g
- レモン汁　50ml
- バニラビーンズ　⅓本
- バター（食塩不使用）　40g

生クリーム　100ml
バナナ　1本

タルト生地は作りやすい分量。余ったら冷凍で約2週間保存が可能です。

準備

- バターは室温に戻し、柔らかくする。
- 卵は室温に戻す。
- 薄力粉はふるう。
- 型にバター（分量外）を塗る。
- オーブンは180℃に予熱する。

作り方

1 ── タルト生地を作る。ボウルにバターを入れ、粉糖を加えてすり混ぜる。白くもったりとしたら、卵黄と水を加え、よく混ぜ合わせる。薄力粉を加え、ゴムべらでバターをすりつぶすようにしながらひとまとめにする。ラップで包み、冷蔵庫で1時間以上休ませる。

2 ── 打ち粉（分量外）をした台に取り出して、めん棒で5mm厚さにのばし、型に敷き込む。型からはみ出した生地は取り除き、180℃のオーブンで15～20分焼いて室温で冷ます（途中、生地がふくらんできたら、竹串を刺して空気を抜く）。続けてオーブンは250℃に予熱する。

3 ── レモンクリームを作る。ボウルに全卵と卵黄を入れてしっかりとほぐし、こし器でこして鍋に移す。

4 ── グラニュー糖を加えて火にかけ、もったりとするまで加熱する。レモン汁、バニラビーンズをさやごと加えて混ぜ、クリーム状になるまで混ぜながら加熱する。バニラビーンズはしごいて中身を加え、混ぜ合わせる。火から下ろし、バターを加えて余熱で溶かし、混ぜ合わせる。そのまま室温で粗熱を取り、*2*のタルト生地に入れる。

5 ── 250℃のオーブンで*4*を約5分焼く。粗熱が取れたら、冷蔵庫で冷やす。

6 ── ゆるく泡立てた生クリームを、星形の口金をつけた絞り出し袋に入れて*5*に絞り出し、3～4mm厚さの輪切りにしたバナナを飾る。

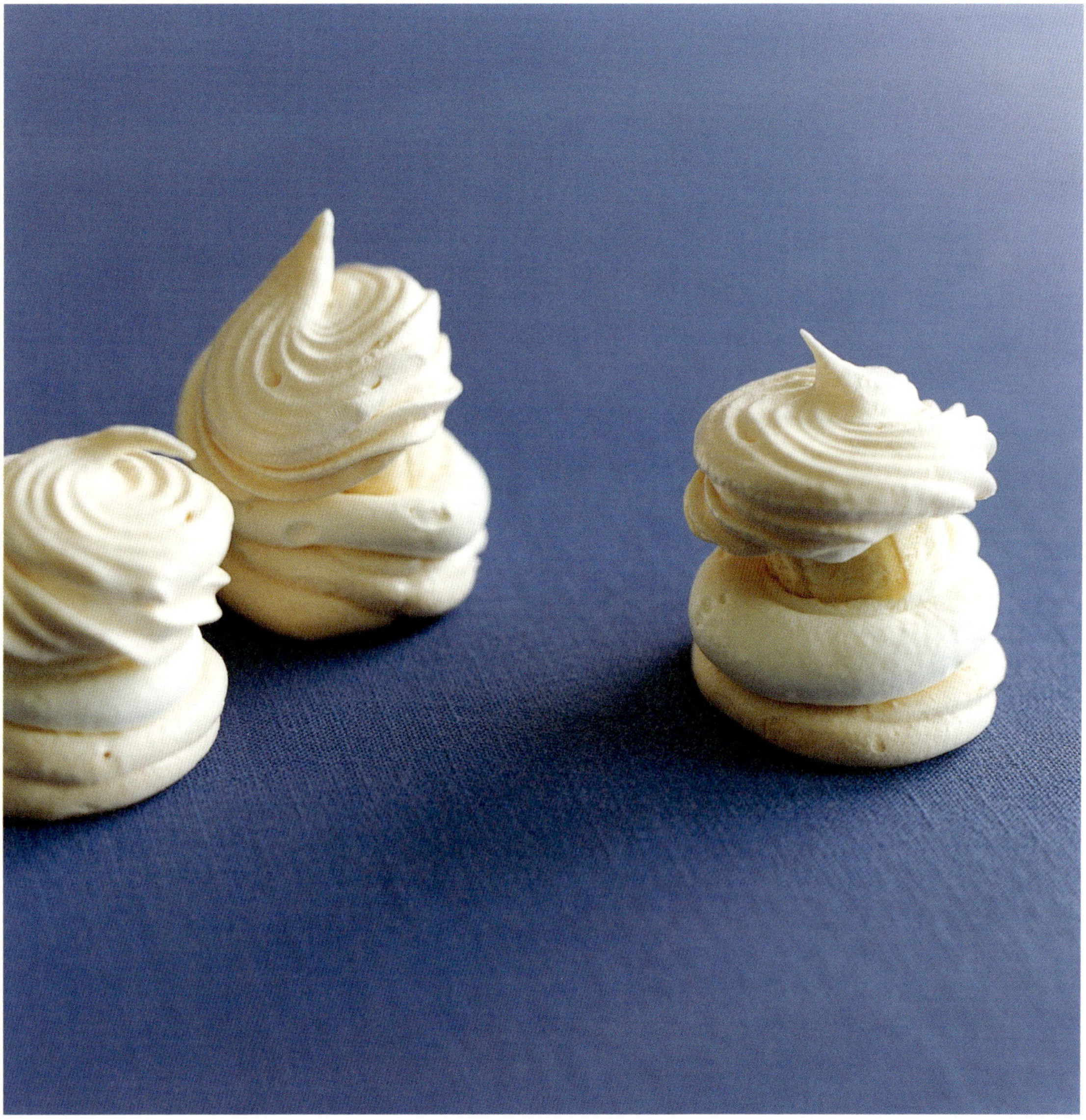

Rose-infused Meringue Banana Layers

薔薇とバナナのメレンゲサンド

薔薇風味のシャンティとバナナの香りが合わさって香り玉のよう。
しっぽのようなメレンゲが口の中でほろっと溶けます。

材料（約10個分）

イタリアンメレンゲ
| グラニュー糖　100g
| 水　30ml
| 卵白　2個分

薔薇風味のシャンティ
| 生クリーム　100ml
| グラニュー糖　小さじ2
| ローズウォーター（製菓用）
| 小さじ1

バナナ　1本
レモン汁　少々

準備

- 卵は室温に戻す。
- 天板にオーブン用ペーパーを敷く。
- オーブンは110℃に予熱する。

作り方

1 — イタリアンメレンゲを作る。鍋にグラニュー糖と水を入れて火にかけ、120℃まで熱する（a）。

2 — ボウルに卵白を入れて軽く泡立てる。1を少しずつ糸のようにたらしながら加え、つやが出て角が立つまで電動ミキサーでたえず泡立てる。すべて加えた後も、粗熱が取れるまで泡立てる。

3 — 星形と丸形の口金をつけた絞り出し袋に2を半量ずつ入れ、天板に直径5cmの円になるように各10個絞り出す。間隔は約2cmあける。110℃のオーブンで約1時間乾燥焼きにする。焼き上がったら室温で冷ます。

4 — 薔薇風味のシャンティを作る。ボウルに生クリームを入れ、グラニュー糖とローズウォーターを加え、底を氷水に当てながら、八分立てにする。

5 — バナナは5mm厚さの輪切りにしてレモン汁をふる。

6 — 食べる直前に、丸形の口金をつけた絞り出し袋に4を入れ、丸形の口金で絞り出したメレンゲの上に絞り出す。バナナをのせて、星形の口金で絞り出したメレンゲで挟む。

グラニュー糖と水を120℃に熱する際の目安は、スプーンの先に沸騰した液を少しつけて水にひたしたとき、ベタつかずに固まるくらい。

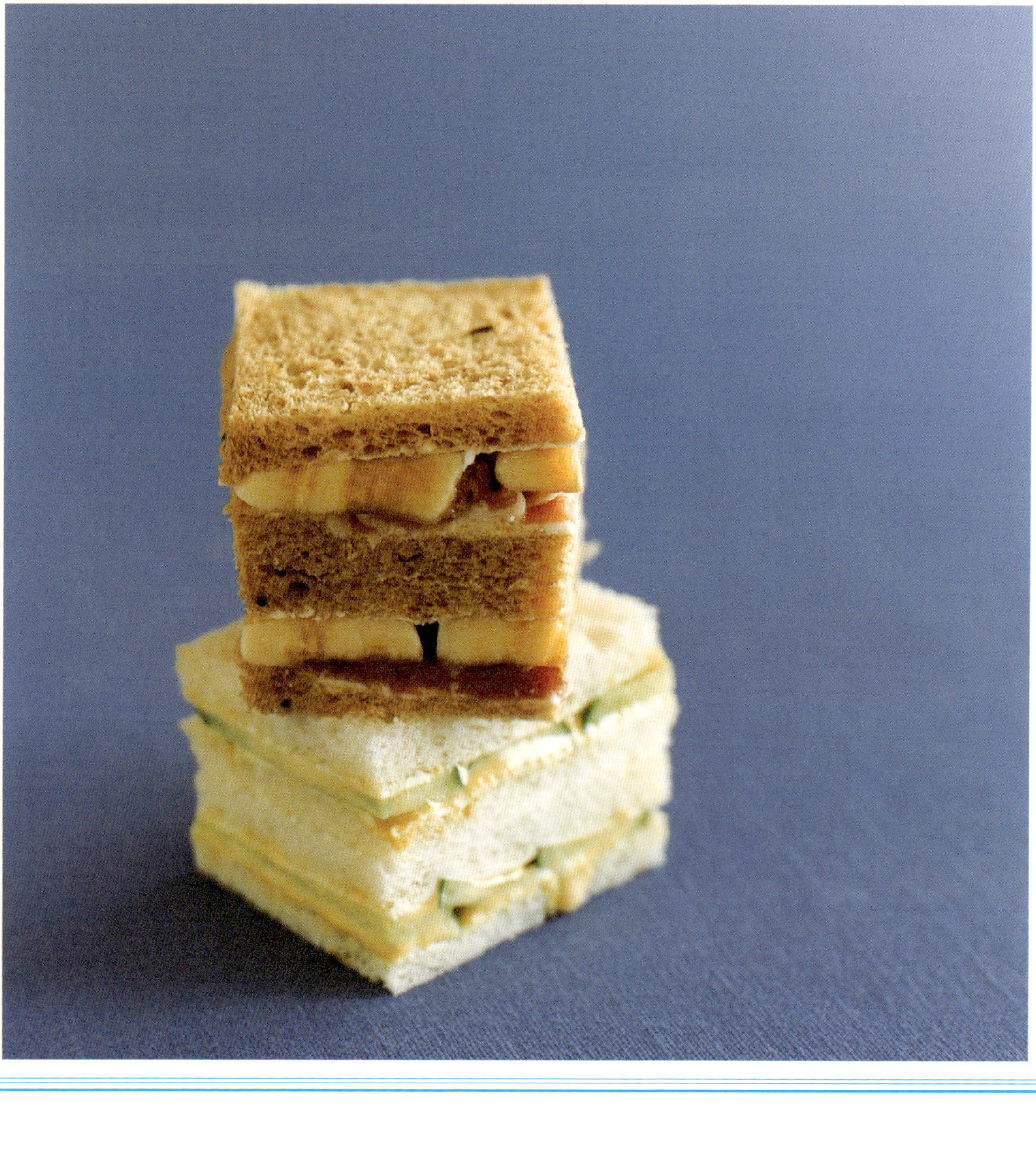

Banana and Prosciutto Tea Sandwich

バナナと生ハムのティータイムサンドイッチ

甘いものだらけだと違う味も欲しい。バナナはしょっぱいものにもよく合います。
マスタードは酸味のないタイプを使って。

材料（4人分）

サンドイッチ用食パン　12枚
　　　　　　　（白、ブラウン各6枚）
バター　50g
マヨネーズ　大さじ4
マスタード
　　（ビネガーが入っていないもの）
　　　　　　　　　　大さじ2
きゅうり　2本
バナナ　2本
生ハム　80g

マスタードがなければ、和がらしでも。
辛みが強くなるので好みで調整してください。

作り方

1 ── ブラウンの食パンにバターを薄く塗る。白の食パンにはマヨネーズとマスタードを合わせたものを薄く塗る。

2 ── きゅうりは長さを3等分に切り、縦に薄切りにする。バナナは薄い輪切りにする。

3 ── ブラウンの食パンに生ハムとバナナをのせて挟む。白の食パンには、きゅうりを並べて挟む。ラップで包んで約30分おき、落ち着かせてから、食べやすい大きさに切り分ける。

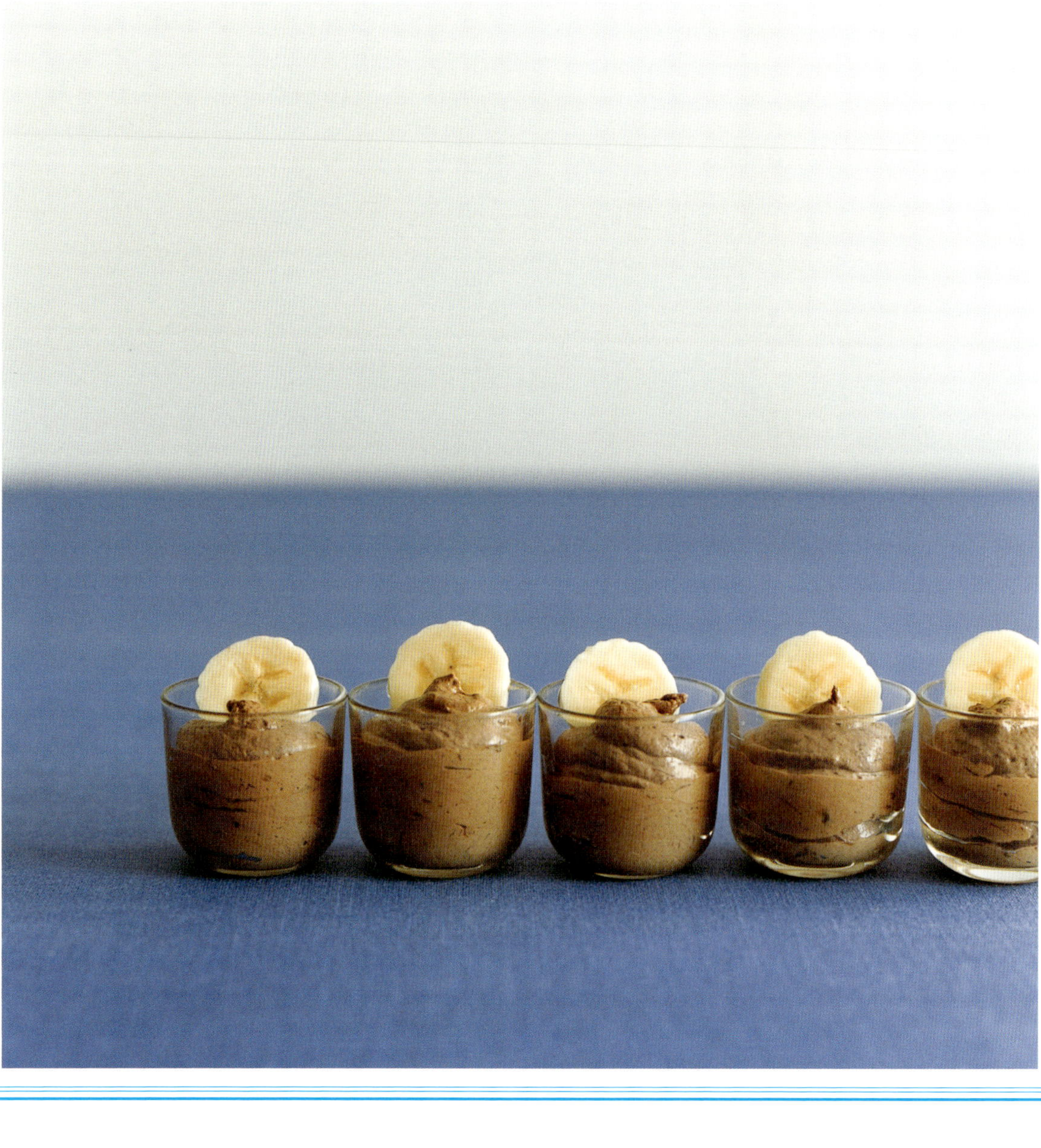

Banana and Chocolate Mousse Dollops

バナナとチョコレートのプチムース

コアントローの上品な香りが全体を引き締める、複雑な味のムース。
淡いベージュ色のバナナのお菓子たちの中に入ると差し色にも。

材料（6〜7人分）

バナナ　小2本（180g）
レモン汁　小さじ1/3
スイートチョコレート（製菓用）　100g
卵黄　1個分
白ワイン　40ml
コアントロー　大さじ1
メレンゲ
　卵白　1個分
　グラニュー糖　大さじ2
生クリーム　100ml

準備

- 卵は室温に戻す。

作り方

1 — バナナ90gはフォークでつぶしてピューレ状にする。残りのバナナは2〜3mm厚さの輪切りにしてレモン汁をふる。

2 — スイートチョコレートは細かく刻んでボウルに入れ、湯せんにかけて溶かす。

3 — *1*のピューレ状にしたバナナに卵黄を加えて混ぜ、白ワイン、コアントローを加えて混ぜ合わせ、*2*を入れてよく混ぜる。

4 — メレンゲを作る。ボウルに卵白を入れて軽く泡立て、グラニュー糖を2〜3回に分けて角が立つまで泡立てる。

5 — 別のボウルに生クリームを入れて、底を氷水に当てながら八分立てにする。*4*を加え、さっくりと混ぜ合わせる。

6 — *5*の1/3量を泡立て器ですくって*3*に加え、よく混ぜる。ゴムべらに持ち替えて残りの*5*を加え、泡をつぶさないように、むらがなくなるまで混ぜる。

7 — グラスに盛り、冷蔵庫で2〜3時間冷やし、*1*の輪切りにしたバナナを飾る。

なんでもない日がハッピーになる
　　バナナのお菓子のおめかし小物

Column

誕生日以外の日を何てお祝いするか知っていますか？
ふつうの日に友達や家族に「今日は何の日？」と聞かれたら、
こう答えたらどうかしら。
「ハッピーアンバースデー！」
映画『ふしぎの国のアリス』に出てくるセリフです。
これは「なんでもない日おめでとう！」という意味。
何か特別な日ではなくても
家族や友達を喜ばせてあげられる、秘密の言葉。
童話に出てくるような小物でお菓子を飾ってあげましょう。

ビオラ

あじさい

造花のような青い花

　青い花は自然にはなかなかない幻想的な花。アネモネはギリシア神話の中で、美少年アドニスの血から生まれたという言い伝えがあります。ただ、かわいいだけではなくて、神秘的な雰囲気を感じるのはそのせいでしょうか。ビオラはすみれの仲間。鉢植えのものはたくさん咲くので、摘んで小さな小さな花束にしても。あじさいは玉のように固まった花の先をひとつずつ取っておくと、草のような花のような不思議な佇まい。そのまま風通しのよい日陰に置いておくと、渋いブルーグレーのドライフラワーができます。

アネモネ

女王様のレースペーパー

　ティーパーティーには、ハートの女王様が喜びそうな円形や四角形のレースペーパーを。金色はそれだけで見ると派手ですが、どんな色にもよく合って品よくまとまります。円形の真ん中までレース柄があるものは、ケーキトップの飾りつけに使えます。焼きっぱなしのケーキの上に置いて、その上から粉糖をふりかければ、白いレース模様が美しいおめかしケーキに。

脚つきのコンポート

　静物画に出てくるような脚つきの皿。うねうねと波打った古いガラスや、練乳を溶かしたようなミルクガラス、取っ手が大きいふたつきのものなど種類はいろいろですが、雰囲気のあるものを骨董市などで探してみて。大事に使われてきた、状態のよいものが見つかりやすいはず。ケーキをのせるなら、ふちの立ち上がりがない形に。ステキ！と思ってのせたら、取り出しにくくなってしまいますから。

やせっぽちのろうそく

　手作りのケーキは、お店のホールケーキよりも小さめの場合が多いもの。繊細なろうそくが似合います。30歳を超えたら端数は切り捨てて10年1本分。炎も華奢で小さいので、ふうっとしたときに一度に消せない心配もありません。いろいろな色がセットになったものの中から、まずはバナナの優しい卵色に合わせて黄色を選んで。反対色の淡いブルーを合わせるとセンスよくまとまります。

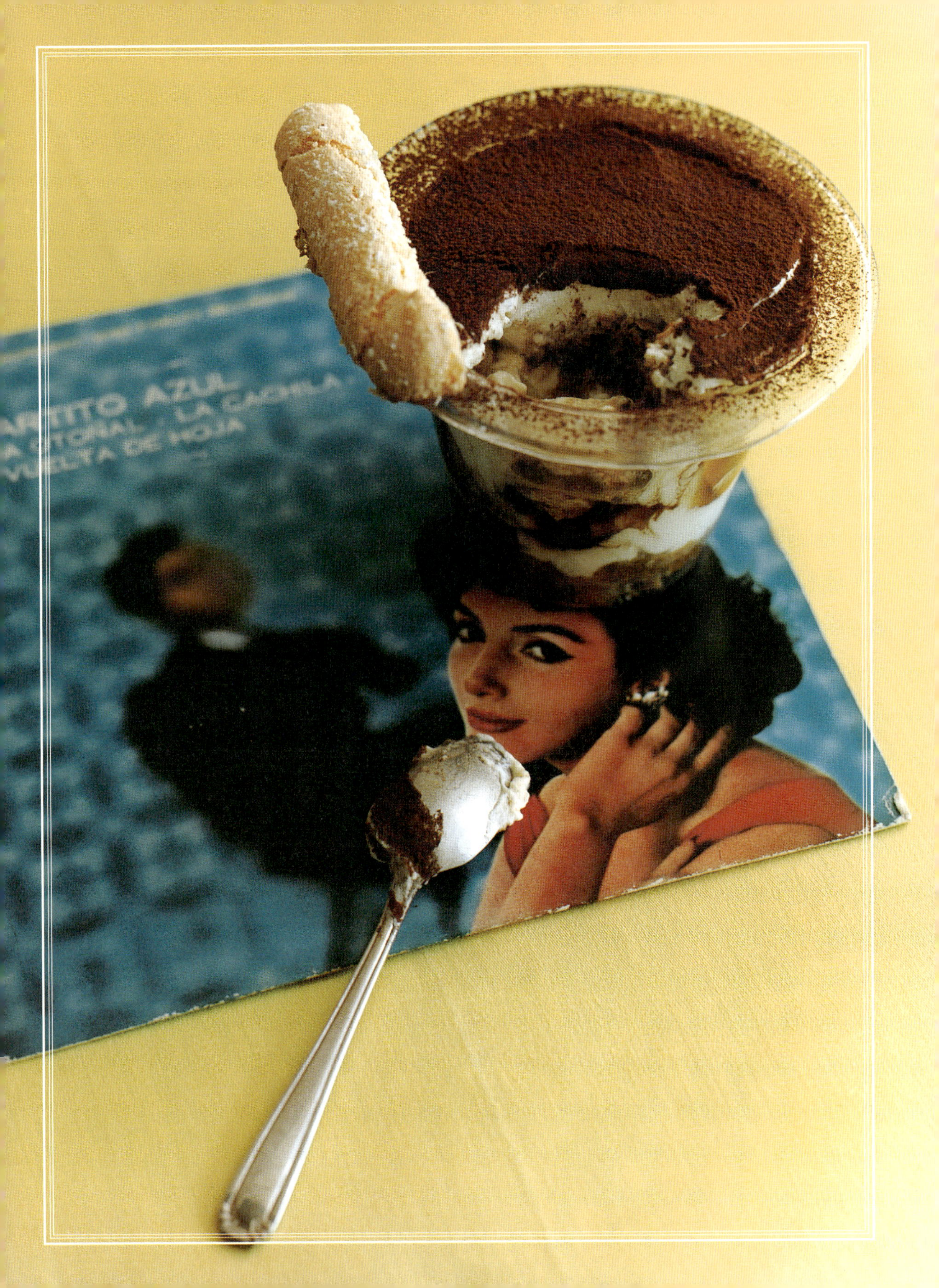
ARTITO AZUL
A CITORAL · LA CACHILA ·
VUELTA DE HOJA

Banana Tiramisu

バナナのティラミス

なめらかなマスカルポーネチーズとねっとりしたバナナの食感をひと口で。
いっしょに食べやすいよう、透明の器に盛りつけて長めのスプーンでどうぞ。

材料（6〜7人分）

シロップ
　　熱湯　200ml
　　インスタントコーヒー　大さじ1
　　グラニュー糖　大さじ4
　　ラム酒　大さじ2
マスカルポーネチーズ　250g
グラニュー糖　50g
卵黄　1個分
マデラ酒（またはラム酒）　大さじ2
生クリーム　200ml
バナナ　1本
フィンガービスケット
　　（またはカステラ、スポンジなど）
　　　　　　　　　　　　　6〜7本
ココアパウダー　適量

作り方

1 ── シロップを作る。熱湯にインスタントコーヒー、グラニュー糖を加えて溶かし、粗熱が取れたらラム酒を加える。

2 ── ボウルにマスカルポーネチーズ、グラニュー糖、卵黄を入れ、なめらかになるまで混ぜ、マデラ酒を加える。

3 ── 別のボウルに生クリームを入れ、底を氷水に当てながら角が立つまで泡立て、*2*に加えて混ぜ合わせる。

4 ── バナナは1cm厚さの輪切りにする。

5 ── グラスにフィンガービスケット1本を半分に割って入れ、*1*のシロップを刷毛でたっぷりと塗ってしみ込ませる。*3*のクリームを大さじ1〜2加えて、*4*のバナナを重ねる。続けて残りのフィンガービスケットをのせ、*1*のシロップ、*3*のクリームを大さじ1〜2重ねる。ラップをかけて冷蔵庫で約1時間冷やす。

6 ── 食べる直前にココアパウダーをたっぷりとふり、フィンガービスケット（分量外）を添える。

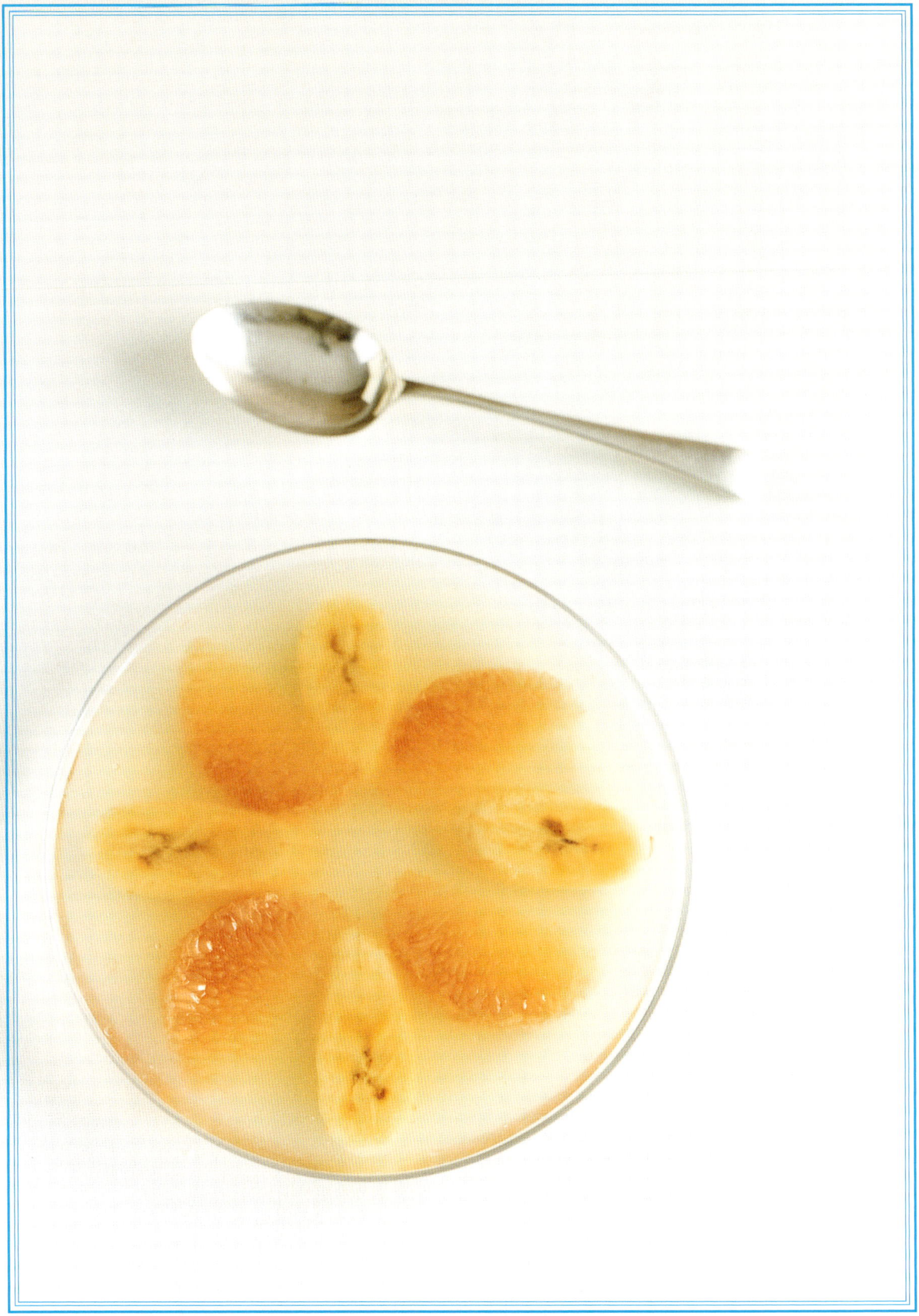

Soothing Banana Gelée

澄ましたバナナのジュレ

爽やかな柑橘類の香りをゆるいジュレに閉じ込めました。
ミントの葉をたっぷり蒸して、香りを出してください。

材料（4～5人分）

グラニュー糖　40g
はちみつ　50g
水　400ml
ミントの葉　10g
板ゼラチン　8g
ライムの搾り汁　1個分
ピンクグレープフルーツ　1個
バナナ　2本

準備

- ゼラチンはたっぷりの水につけてふやかす。

作り方

1 ── 鍋にグラニュー糖、はちみつ、水、ミントの葉を入れて火にかけ、沸騰したら弱火にして約5分煮る。火を止めて（*a*）ゼラチンを加え、余熱で溶かして混ぜる。ふたをして約10分蒸らし、ライムの搾り汁を加える。

2 ── ピンクグレープフルーツはくし形に切って薄皮をむき、バナナは斜め薄切りにする。

3 ── 器に*2*を盛りつけ、*1*の粗熱が取れたら流し入れて、冷蔵庫で約1時間冷やし固める。

火を止めてから、ふたをしてミントを蒸らし、香りを出す。アクがあれば取る。

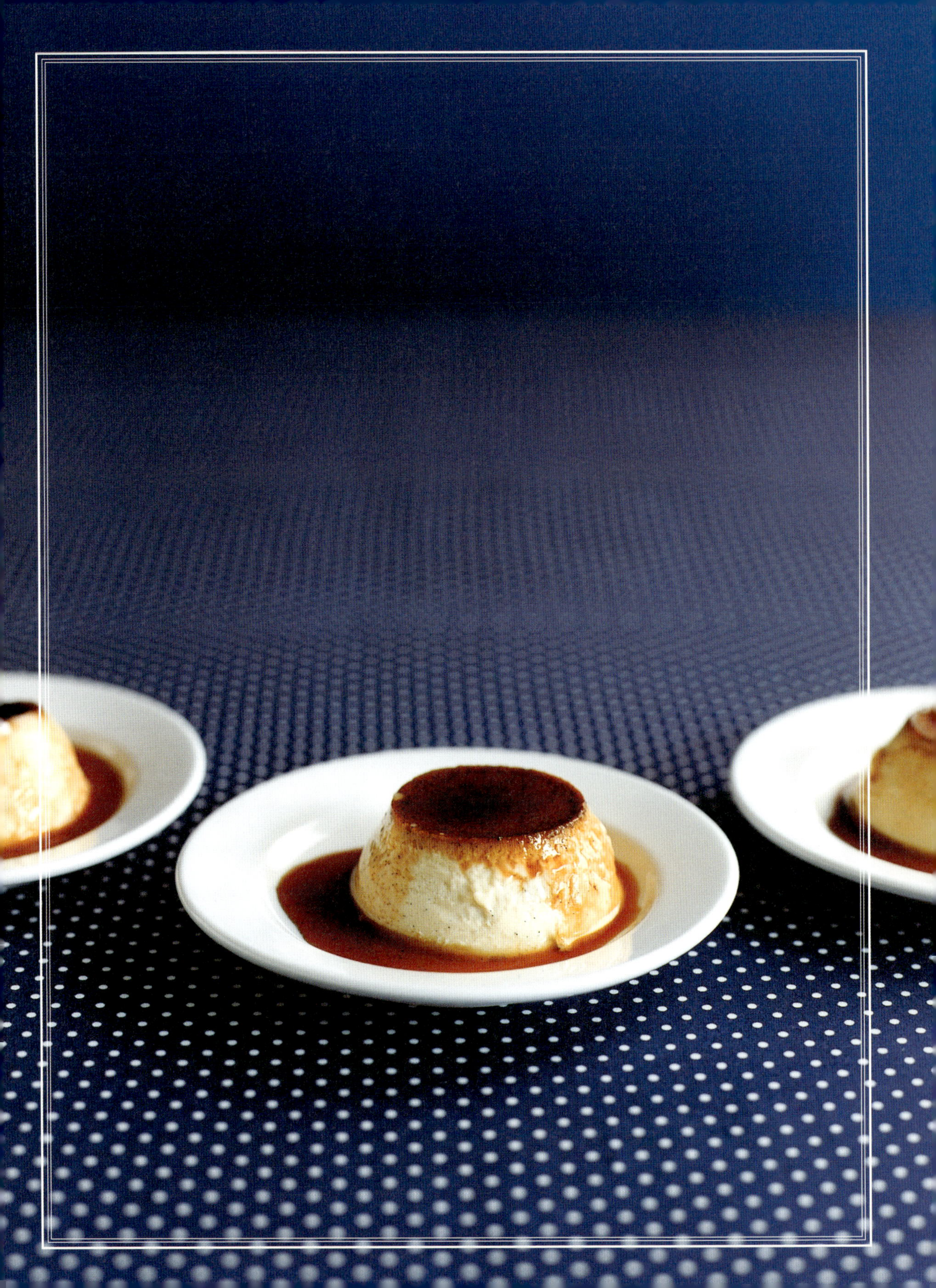

Banana Custard Pudding

バナナカスタードプリン

プリンはどなたにも気に入ってもらえる定番のおやつ。
バナナが加わって、ちょっとおしゃれな味になりました。

材料（直径6cmのプリン型8個分）

カラメルソース
- グラニュー糖　80g
- 水　大さじ1

バナナ　1本
レモン汁　少々
全卵　3個
卵黄　2個分
グラニュー糖　100g
牛乳　500ml
バニラビーンズ　1/2本
コアントロー　小さじ2

準備

- 卵は室温に戻す。
- 型の側面にバター（分量外）を薄く塗る。
- オーブンは150℃に予熱する。

作り方

1 — カラメルソースを作る。鍋にグラニュー糖と水を入れてゆすりながら火にかける。キャラメル色になったら、素早くプリン型の底に流す。

2 — バナナはレモン汁といっしょにフードプロセッサーにかけてピューレ状にする。

3 — ボウルに卵と卵黄を入れてほぐし、グラニュー糖を加えてすり混ぜる。

4 — 鍋に牛乳とバニラビーンズをさやごと入れて沸騰直前まで温める。バニラビーンズはしごいて中身を加え、混ぜ合わせる。*3* に少しずつ加え、*2*、コアントローを加える。

5 — *4* の表面の泡をペーパータオルで取り除いて、*1* のプリン型に流す。金属製のバットに並べ、型の1/3の高さまで熱湯を流し入れて天板にのせる。150℃のオーブンで30〜40分蒸し焼きにし、粗熱が取れたら冷蔵庫で冷やす。

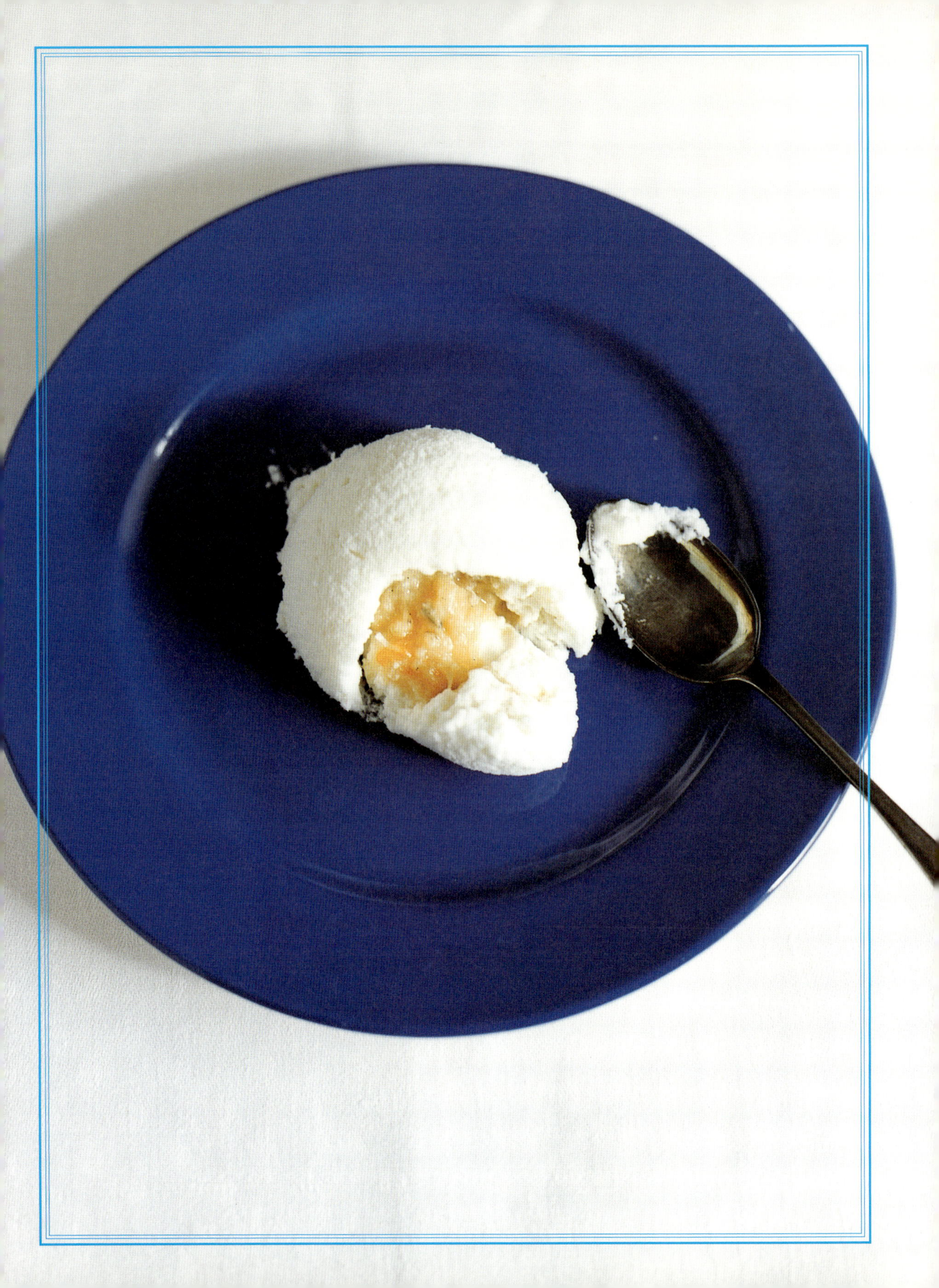

White Banana Dome

バナナのホワイトドーム

白と黄色の組み合わせが鮮やかなクレーム・ダンジュ。
ヨーグルトのすっぱさと、コンフィチュールの甘さとのバランスが絶妙です。

材料（約6個分）

プレーンヨーグルト　100g
カッテージチーズ（裏ごしタイプ）
　　　　　　　　　　　　　　100g
粉糖　80g
板ゼラチン　3g
レモン汁　少々
生クリーム　100ml
メレンゲ
　｜卵白　2個分
　｜グラニュー糖　大さじ1
バナナとパッションフルーツの
　　　　　コンフィチュール　大さじ4
　　　　　　　　　　（36頁参照）

準備

- カッテージチーズは室温に戻し、柔らかくする。
- ゼラチンはたっぷりの水につけてふやかす。
- 卵は室温に戻す。

作り方

1 ─ ヨーグルトは、ペーパータオルを敷いたざるにあけて冷蔵庫で30〜40分おき、しっかりと水けをきる（*a*）。

2 ─ ボウルにカッテージチーズ、*1*、粉糖を入れてよく混ぜ合わせる。ふやかしたゼラチンを電子レンジに約10秒かけて、溶けたら加え、レモン汁を混ぜ合わせる。

3 ─ 別のボウルに生クリームを入れ、角が立つまで泡立てる。

4 ─ メレンゲを作る。別のボウルに卵白をほぐし、グラニュー糖を2回に分けて加えながら、角が立つまで泡立てる。

5 ─ *2* に *3* を加え、*4* のメレンゲを2〜3回に分けて加える。

6 ─ 底のほうが細くなったグラスにガーゼを敷き、*5* を大さじ1〜2入れ、中心にバナナとパッションフルーツのコンフィチュールを小さじ2入れて、さらに *5* を大さじ1〜2重ねる。ガーゼで巾着形に包み、上をひもで縛って室温で15〜20分おき、水分が出てきたら、冷蔵庫で約1時間冷やし固める。

a

ヨーグルトは、ざるにペーパータオルを敷いて水けをきる。薄いペーパータオルの場合は二重にする。

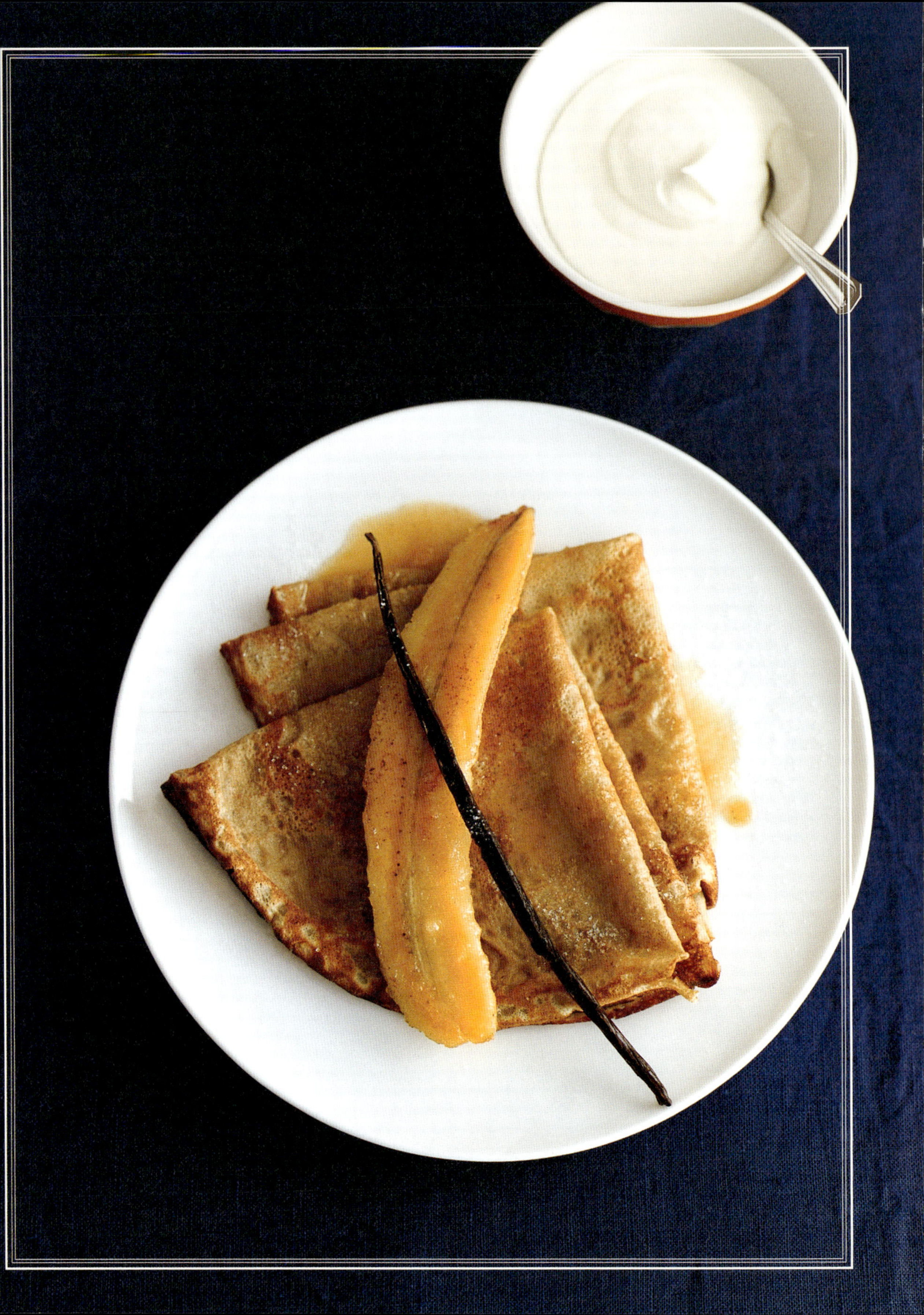

Crepes with Sauteed Banana

バナナソテーを添えたクレープ

口の中でじゅんとしみ出す、オレンジのソースがかかったクレープは格別。
こんがりと焼いたバナナの強い甘さとよく合います。

材料(直径26cm 約12枚分)

クレープ生地
- そば粉　100g
- グラニュー糖　40g
- 全卵　2個
- 卵黄　1個分
- 牛乳　300ml
- 溶かしバター(食塩不使用)　15g

バター(食塩不使用)　適量
バナナ　2〜3本
グラニュー糖　大さじ2〜3
バニラビーンズ　適量
オレンジの搾り汁　1個分
コアントロー　大さじ1
生クリーム　適量

準備

- そば粉はふるう。
- 卵は室温に戻す。
- クレープを焼くバターは室温に戻し、柔らかくする。

作り方

1 ─ クレープ生地を作る。ボウルにそば粉とグラニュー糖を入れて、真ん中をくぼませ、全卵を割り入れてよく混ぜる。続けて卵黄を加えて混ぜ合わせる。なめらかになったら牛乳を加えて混ぜ、溶かしバターを加えてよく混ぜる。ざるでこしてからラップをかけて、冷蔵庫で約1時間おく。

2 ─ ペーパータオルにバターをつけ、熱したフライパンに薄くひく。玉じゃくしで*1*の生地を丸く流し、フライパンを回して手早く全体に広げる。

3 ─ 生地のふちが反り返ってきたら、竹串などを使って素早く裏返し、裏面も30秒ほど焼いて取り出す。

4 ─ バナナは縦半分に切る。フライパンにバター大さじ2〜3を熱して、バナナを焼く。グラニュー糖をふり入れ、バナナに火が通ったら、バニラビーンズ、オレンジの搾り汁を加えて煮詰め、火を止めてからコアントローをふる。

5 ─ 皿に*3*のクレープを盛りつけ、*4*のバナナをのせ、フライパンに残っているソースをかける。バニラビーンズのさやを飾り、ゆるく泡立てた生クリームを添える。

les prix tomblent
LA QUALITÉ RESTE...

Banana Cheese Terrine

バナナのチーズテリーヌ

卵色のきれいな色合いが食欲をそそる濃厚なチーズケーキ。
少しずつ切って召し上がってください。

材料（17×8×高さ7.5cmのパウンド型1台分）

- クリームチーズ　250g
- サワークリーム　150g
- グラニュー糖　90g
- 全卵　1個
- 卵黄　2個分
- バナナ　1と1/2本（140g）
- 生クリーム　100ml
- コーンスターチ　大さじ2
- バニラビーンズ　1/2本分

準備

- クリームチーズは室温に戻し、柔らかくする。
- 卵は室温に戻す。
- コーンスターチはふるう。
- 型の底と側面にオーブン用ペーパーを敷く。
- オーブンは160℃に予熱する。

作り方

1 — ボウルにクリームチーズを入れてほぐし、サワークリームを加えてよく混ぜ合わせる。グラニュー糖を加えてなめらかになるまで混ぜ、全卵と卵黄を加えてよく混ぜ合わせる。

2 — バナナはフードプロセッサーにかけてピューレ状にする。

3 — *1*に生クリーム、*2*、コーンスターチ、しごいて出したバニラビーンズの中身を加え、よく混ぜ合わせる。

4 — 型に流し入れて金属製のバットに置き、型の1/3の高さまで熱湯を流し入れ、天板にのせる。160℃のオーブンで約1時間蒸し焼きにし、焼き上がったら型ごと室温で冷ます。粗熱が取れたら冷蔵庫で冷やす。オーブン用ペーパーごと持ち上げるようにして型から出す。

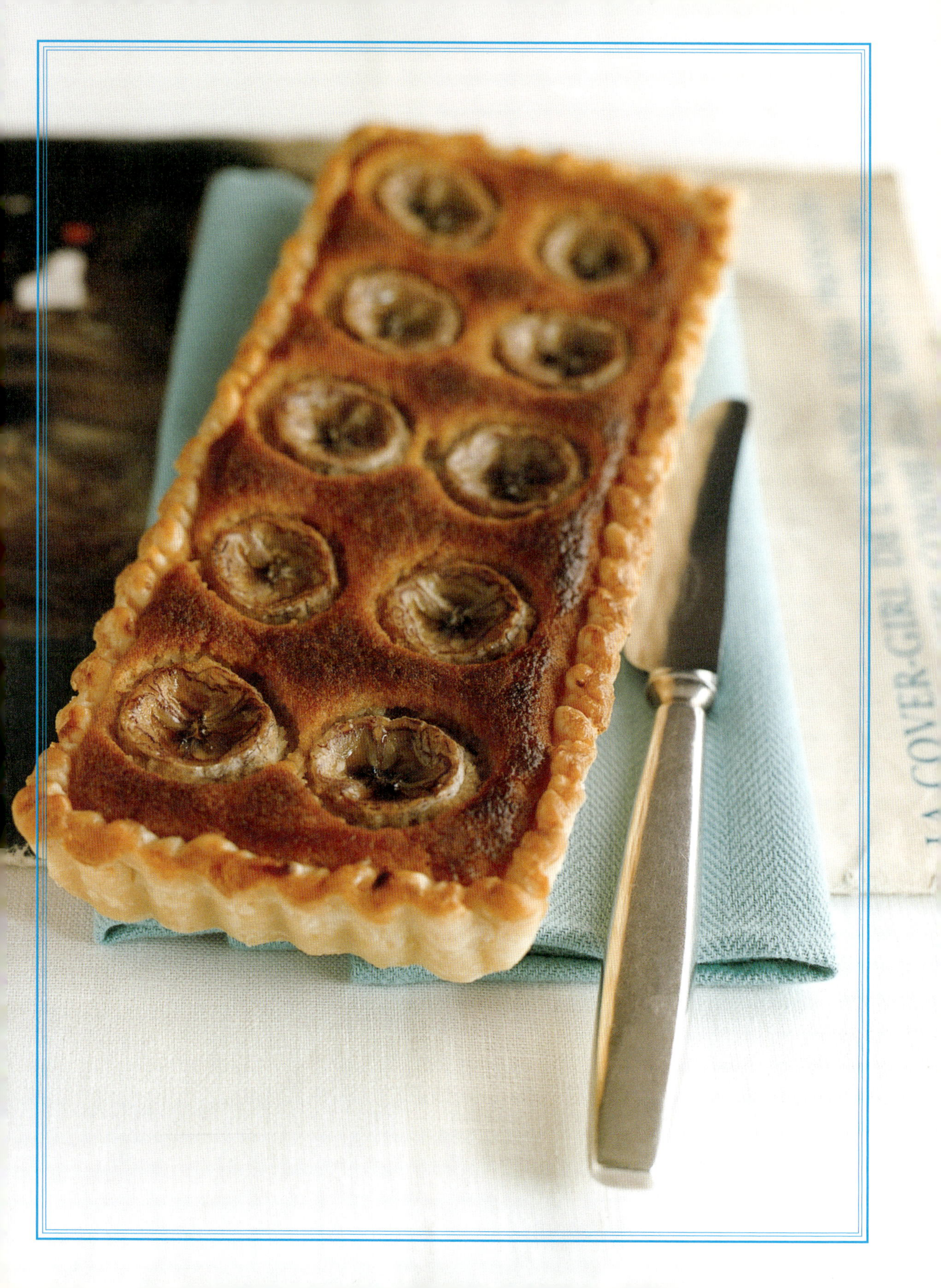
LA COVER-GIRL

Sweet Potato Tart with Banana

バナナとスイートポテトのタルト

ほこほことしたさつまいもの甘さと食感は、バナナのそれとは別物。
ふたつが合わさると深みのある甘さになりました。

材料（25×10×高さ2.5cmのタルト型1台分）

パータブリゼ
- 薄力粉　125g
- 上白糖　小さじ1
- 塩　小さじ½
- バター（食塩不使用）　60g
- 冷水　45ml

さつまいも入りのアーモンドクリーム
- さつまいも　⅓〜½本（正味100g）
- バター（食塩不使用）　50g
- きび砂糖　50g
- 全卵　1個
- アーモンドパウダー　50g
- サワークリーム　80g
- ラム酒　大さじ1

バナナ　2本

準備

- 薄力粉、上白糖、塩は合わせてふるう。
- アーモンドクリームのバターは室温に戻し、柔らかくする。
- 卵は室温に戻す。
- 型にバター（分量外）を薄く塗る。
- オーブンは180℃に予熱する。

作り方

1 ── パータブリゼを作る。ボウルに薄力粉、上白糖、塩を入れ、冷やしたバターを細かく切って加える。ゴムべらやカードなどでバターが粉に混ざるように手早く混ぜ（*a*）、手で細かいそぼろ状にする（*b*）。続けて冷水を少しずつ加え、ひとまとまりになったら（*c*）冷蔵庫で1時間以上休ませる。

2 ── さつまいも入りのアーモンドクリームを作る。さつまいもは皮を厚めにむき、竹串がすっと通るまで水からゆでる。熱いうちにつぶして室温で冷ます。

3 ── ボウルにバターを入れて軽く混ぜ、きび砂糖を加えて白っぽくなるまですり混ぜる。続けて、卵を加えて混ぜ、アーモンドパウダーを混ぜ合わせる。さらに、*2*のさつまいも、サワークリームを加えて混ぜ、最後にラム酒をふり入れ、なめらかになるまでよく混ぜ合わせる。

4 ── *1*を打ち粉（分量外）をした台に取り出し、めん棒で5mm厚さにのばす。生地をめん棒に巻いて型にのせ、すき間ができないように敷き込んで、はみ出した部分を取り除く。*3*を流し入れて表面をならす。

5 ── 2cm厚さの輪切りにしたバナナを*4*に並べ、180℃のオーブンで30〜40分焼く。

a　*b*　*c*

パータブリゼのバターは冷やしておき、細かく切って粉類と混ぜ合わせる。カードのカーブが丸いほうで切るように混ぜる。ある程度混ざったら、指の腹でこすり合わせるようにしてそぼろ状にしていく。最後に、冷水を加えてひとまとめにする。

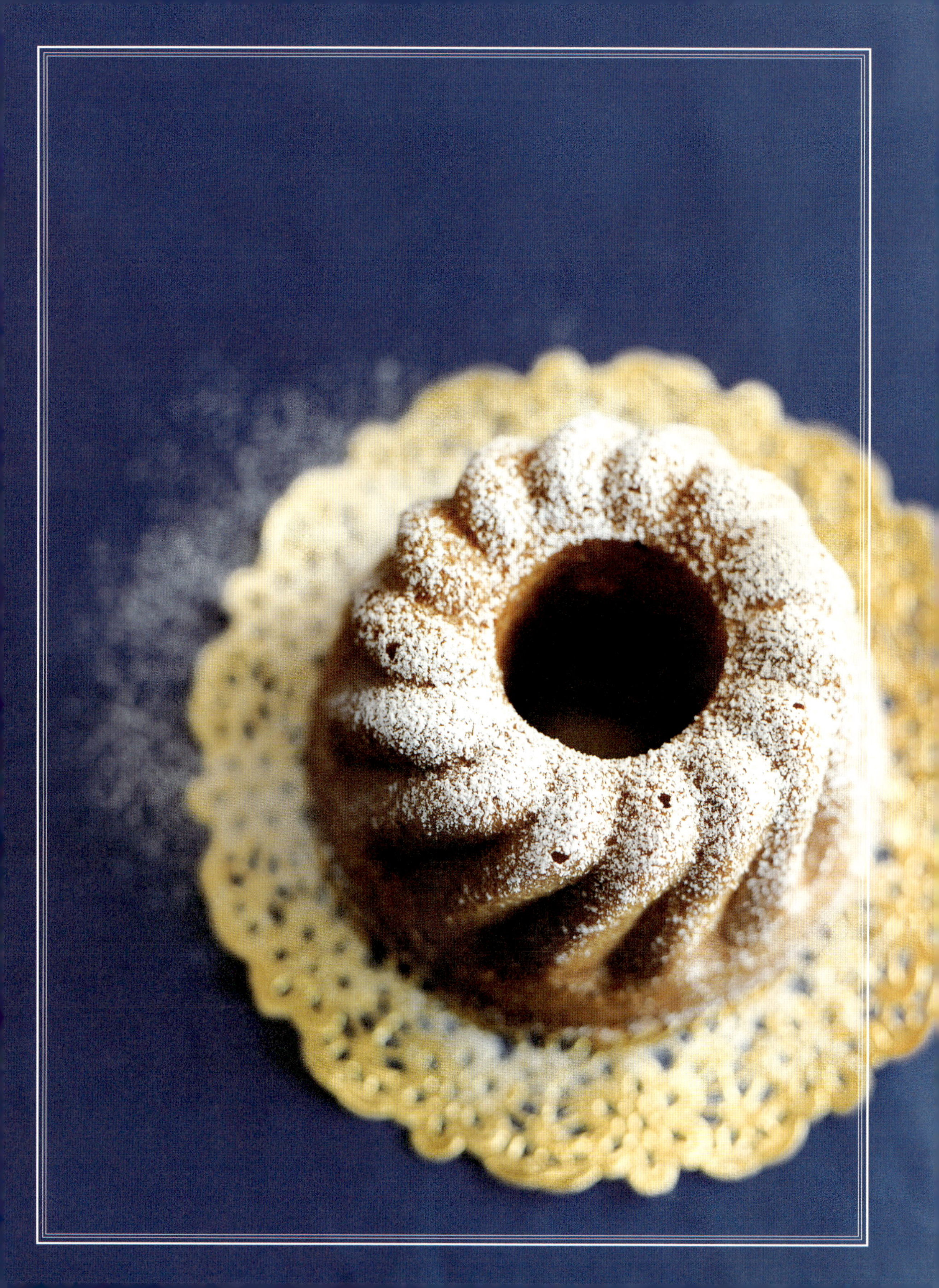

Banana Kouglof

王冠バナナクグロフ

クグロフはアルザス地方の郷土菓子。「王」という意味もあります。
華やかな雰囲気と、どっしりとした食べ応えが両立するお菓子です。

材料（直径12cmのクグロフ型1台分）

バター　50g
きび砂糖　50g
全卵　1個
強力粉　15g
バナナ　1/2本（50g）
レモン汁　小さじ1/3
薄力粉　30g
アーモンドパウダー　20g
ベーキングパウダー　小さじ1/2
ラム酒　大さじ1
粉糖　適量

準備

- バターは室温に戻し、柔らかくする。
- 卵は室温に戻す。
- 強力粉はふるう。
- 薄力粉、アーモンドパウダー、ベーキングパウダーは合わせてふるう。
- 型にバター（分量外）を薄く塗り、薄力粉（分量外）をまぶす（a）。
- オーブンは170℃に予熱する。

作り方

1 — ボウルにバターを入れ、きび砂糖を加えて白くもったりとするまですり混ぜる。

2 — 別のボウルに卵を入れてよく溶き、*1*に少しずつ加えながら混ぜ合わせる。半量まで混ぜたら、強力粉を混ぜてゴムべらで粉っぽさがなくなるまで混ぜ合わせ、残りの卵を少しずつ加えて混ぜ合わせる。

3 — バナナはレモン汁といっしょにフードプロセッサーにかけて、ピューレ状にして*2*に加える。薄力粉、アーモンドパウダー、ベーキングパウダーを加えて、ゴムべらで粉っぽさがなくなるまで混ぜ合わせる。

4 — 型に*3*を流し入れ、5cm高さくらいからテーブルに2回ほど型を落として生地の気泡を抜き、170℃のオーブンで20～30分焼く。焼き上がったら型から取り出し、熱いうちに刷毛でラム酒を塗る。粗熱が取れたら、粉糖をふる。

a 型を斜めにして回転させながら、薄力粉をまぶす。余分な粉は刷毛で落とす。

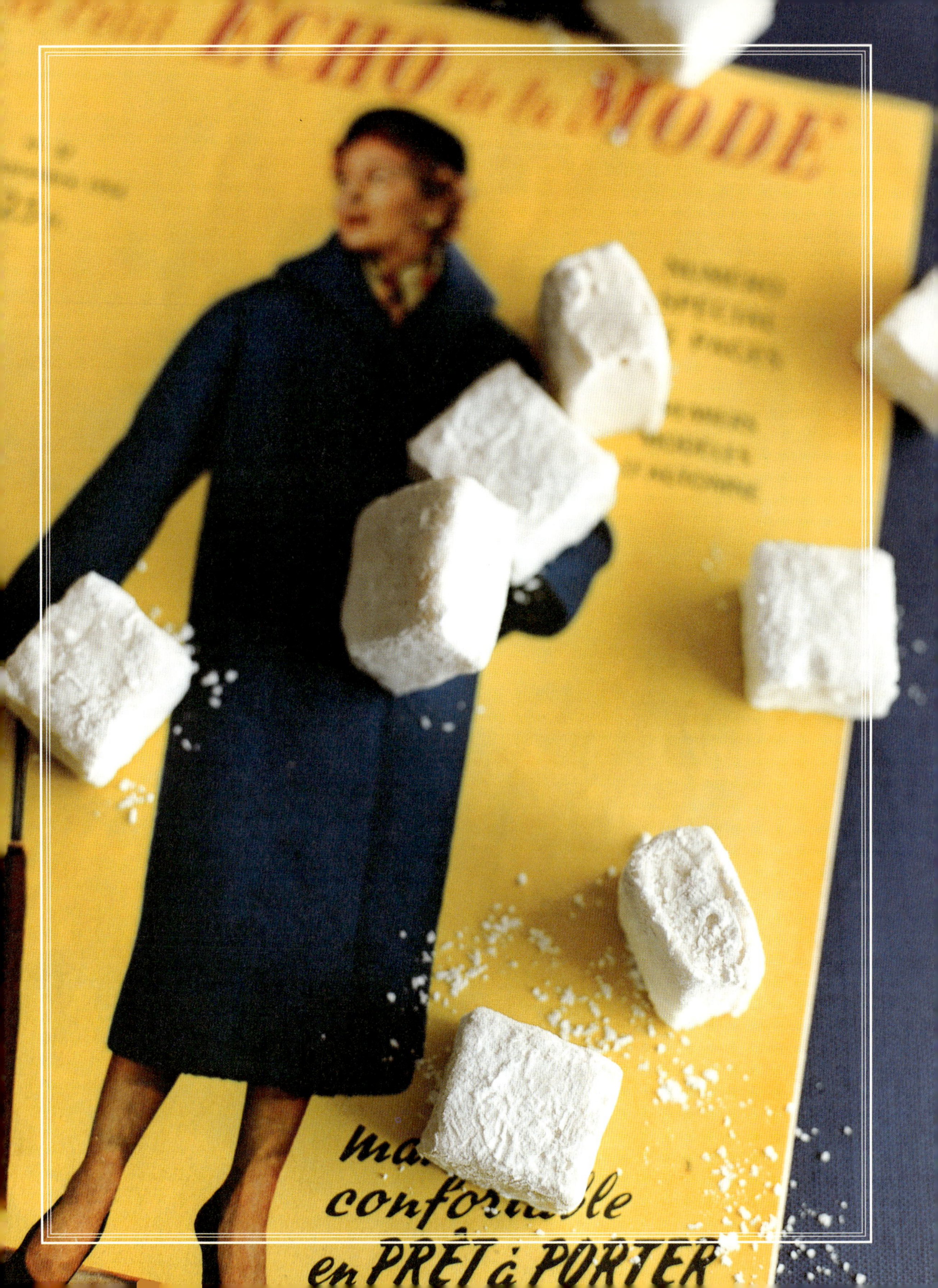
ECHO de la MODE
en PRÊT à PORTER

Banana-scented Marshmallows

バナナの香りのマシュマロ

冷たくしているわけではないのに、ひんやりとした不思議な甘さが残ります。
ふわふわしているだけでなくバナナのコクも感じられます。

材料（約30個分）

バナナ　1本（100g）
レモン汁　大さじ1と1/2
イタリアンメレンゲ
　水あめ　30g
　グラニュー糖　150g
　水　60ml
　卵白　約2個分（70g）
板ゼラチン　12g
粉糖、コーンスターチ　各適量

準備

- 卵は室温に戻す。
- ゼラチンはたっぷりの水につけてふやかす。

作り方

1 ── バナナはレモン汁といっしょにフードプロセッサーにかけてピューレ状にする。

2 ── イタリアンメレンゲを作る。水あめ、グラニュー糖、水を鍋に入れて火にかけ、120℃まで熱する。
※温度計がない場合は、薔薇とバナナのメレンゲサンド（40頁）を参照。

3 ── ボウルに卵白を入れて軽く泡立て、*2*を少しずつ糸のようにたらしながら加え、電動ミキサーでたえず泡立てる。ふやかしたゼラチンを電子レンジに約10秒かけて、溶けたら加える。つやが出て角が立つまで泡立て、すべて加えた後も粗熱が取れるまで泡立てる。

4 ── 粉糖とコーンスターチを合わせたものを、バットに5mm厚さになるくらいたっぷりと敷き、*1*を*3*に加えて混ぜ合わせ、上から流し入れる。5cm高さくらいからテーブルに2回ほど型を落として、気泡を抜く。粉糖とコーンスターチを合わせたものを表面にもふって、ラップをかけてそのまま室温で固める。固まったら、バットから出してひと口大に切り分ける。切り口にも粉糖とコーンスターチを合わせたものをまぶす。

Column

なんでもない日でも、きれいなリボンをかけて
　　　　　　　　　贈り物にしたいバナナのお菓子

1年は365日。当然ですが、誕生日や記念日はそのうちの1日。
『鏡の国のアリス』では、ハンプティ・ダンプティが
国王陛下からもらったプレゼントについて、アリスにいばって話している場面があります。
「で、あんたの誕生日は何日ある？」
「1日です。」
「365日から1日引くと、何日残る？」
「もちろん、364日です。」
"非誕生日"が誕生日より多いことを勝ち誇って
アリスに説明している様子。
誕生日じゃなくても、1年のうちの364日、
いつでも贈り物がもらえる候補になるなんて！

ハンプティ・ダンプティも納得してくれそうなラッピングが、
家の中を見回したら出てきそうなものでできます。
開いたときにバナナの香りが漂うような包み方に。

スコーンと数字

「この数字は何の数字？」。スコーンを洋服屋さんの包装紙のような透明の袋に入れて、細めのリボンをかけます。リボンをとめるシールに数字のスタンプを押してプレゼントすれば、相手は必ず数字のことを聞いてくれます。数字の由来はふたりがはじめて会った年でも、知り合ってからの年数でも、いっしょに行った旅先の数でも、エトセトラ。年齢はちょっと野暮。スコーンに添えるコンフィチュールのふたに貼れば、謎かけが倍になって会話のきっかけになるかも。

クグロフと小花

　クグロフの大きさに合わせて紙を円形に切り、真ん中にケーキを置きます。紙を立ち上げてギャザーを寄せながら包んでいきます。ケーキトップで重ねた紙の合わせ目を、シールでとめてください。写真では、銀色のレースペーパーの中心部分を切り取ってテープで貼りつけています。リボンを十字にかけ蝶々結びにして、結び目に小花を差し込みました。

マシュマロクラッカー

　厚めの紙を三角形に切って、円錐形に丸めます。合わせ目をホチキスでパチンととめて、内側に適当な大きさに切ったワックスペーパーを入れます。そこにマシュマロと白い小さな造花を入れ、つぶれないように、くしゅっと口を閉じて。花ではなく、好きなものを入れてももちろんだいじょうぶ。開けるとクラッカーのように、中からかわいいものがこぼれ出てきます。

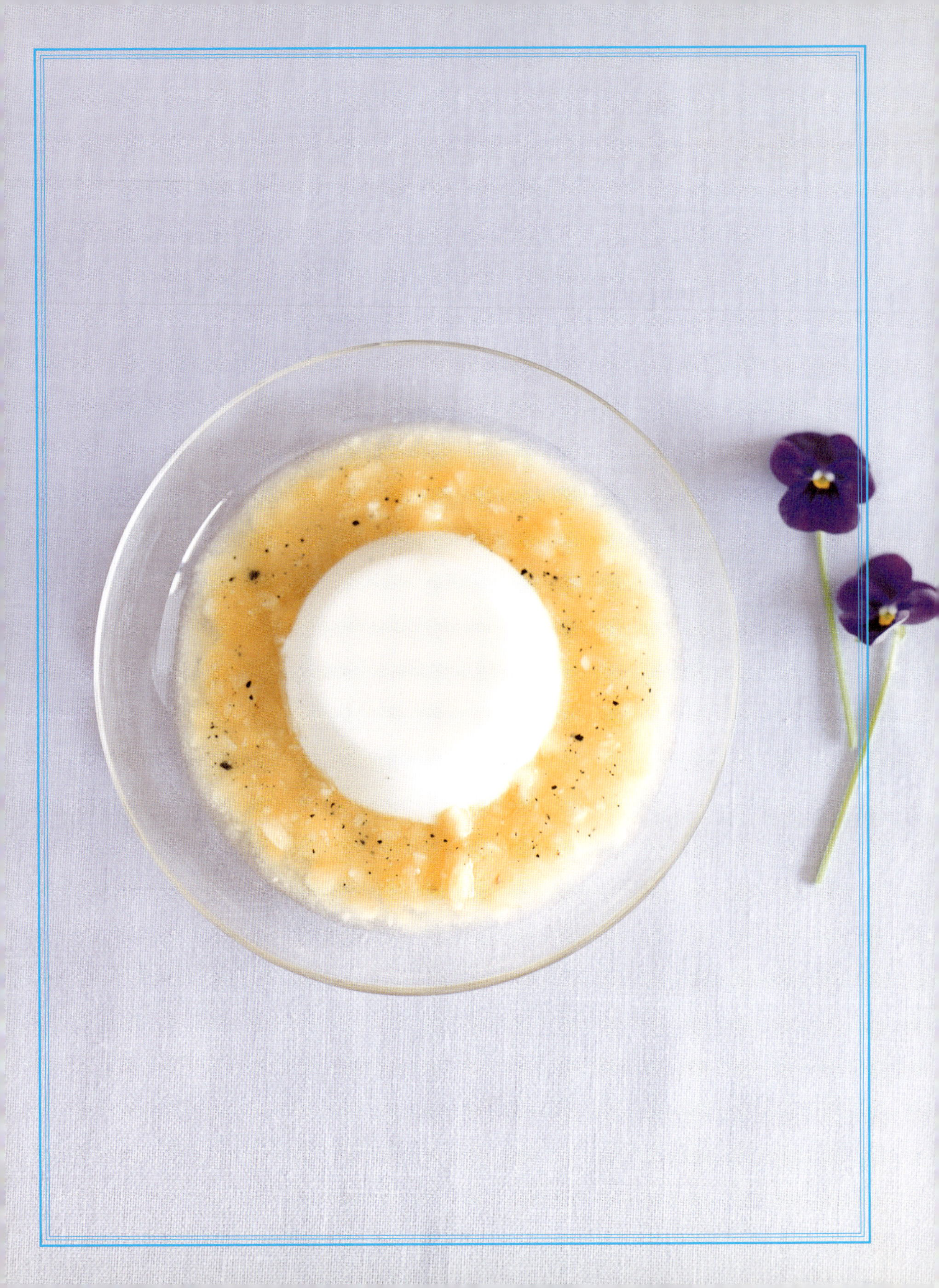

Blanc-manger "Little Women"

ブランマンジェ若草物語

『若草物語』では、のどが痛いときに作っていましたっけ。
つるんとのどごしのよい冷菓です。バニラビーンズたっぷりのソースをからめて。

材料（直径7cmのプリン型8個分）

牛乳　500ml
スライスアーモンド　100g
グラニュー糖　100g
水　100ml
板ゼラチン　7g
アーモンドエッセンス　少々
生クリーム　100ml
バナナソース
　バナナ　1本
　バニラビーンズ　1/4本分
　オレンジの搾り汁　大さじ2
　コアントロー　小さじ1

準備

- ゼラチンはたっぷりの水につけてふやかす。
- 皿を冷凍庫で冷やす。

作り方

1 ── 鍋に牛乳を入れて火にかけ、沸騰したらスライスアーモンドを加える。再度沸騰したら弱火にして2～3分煮る。グラニュー糖を加え、沸騰してからさらに約5分煮る。ペーパータオルを敷いたざるに流し入れてボウルにこし、しっかりと絞る。

2 ── 別の鍋に水を入れて火にかけ、ゼラチンを加えて溶かし、*1*に加える。ボウルの底を氷水に当てながら混ぜて冷やし、とろみがついてきたら、アーモンドエッセンスを加える。

3 ── 別のボウルに生クリームを入れてゆるく泡立て、*2*に2回に分けて加え、混ぜ合わせる。

4 ── 内側を水でぬらした型に*3*を流し入れて、冷蔵庫で約1時間冷やし固める。

5 ── バナナソースを作る。バナナをフォークでつぶしてピューレ状にしたところに、しごいて出したバニラビーンズの中身、オレンジの搾り汁、コアントローを加えてよく混ぜ合わせ、冷蔵庫で冷やす。

6 ── *4*を熱湯に一瞬つけて、皿にひっくり返して取り出す。*5*のバナナソースを添える。

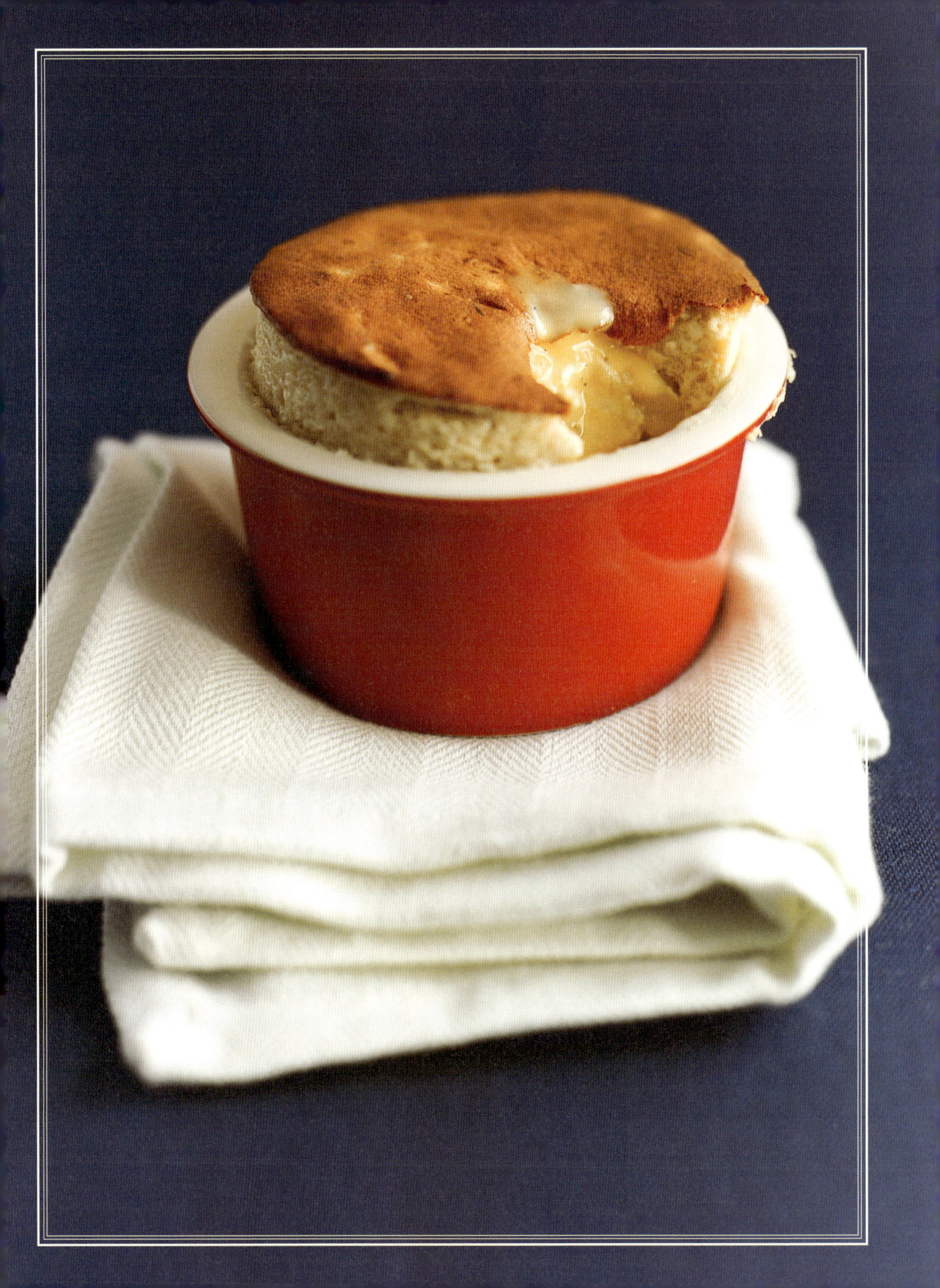

Banana Soufflé

バナナスフレ

ひとさじスプーンを入れれば、バナナの香りが立ち上る温かいデザート。
ブランデーの効いたアングレーズをかけて、しぼまないうちに急いでどうぞ。

材料（直径6cmのココット型約5個分）

バナナ　2本
レモン汁　少々
全卵　3個
きび砂糖　60g
薄力粉　大さじ3
牛乳　100ml
生クリーム　40ml

ブランデーアングレーズ
　牛乳　120ml
　バニラビーンズ　1/4本
　卵黄　2個分
　グラニュー糖　20g
　ブランデー　小さじ1〜2

準備

- 卵は室温に戻す。
- 薄力粉はふるう。
- 型にバター（分量外）を塗り、型を回しながら側面にグラニュー糖（分量外）をつける（a）。
- オーブンは180℃に予熱する。

作り方

1 — バナナはフォークでつぶしてピューレ状にし、レモン汁をかける。

2 — 卵は卵黄と卵白に分け、ボウルに卵黄をほぐし、きび砂糖20gを加えて白くもったりとするまですり混ぜる。続けて薄力粉、牛乳を加えてよく混ぜ合わせる。鍋に入れて火にかけ、とろみがつくまで温める。1、生クリームを加えて混ぜる。

3 — 別のボウルに2の卵白を入れてメレンゲを作る。軽く泡立ててから、きび砂糖40gを2〜3回に分けて加え、角が立つまで泡立てる。

4 — 2に3のメレンゲの1/3量を泡立て器ですくい入れて混ぜ、残りのメレンゲを加えたら、ゴムべらでさっくりと混ぜる。型に流し入れて表面をならし、180℃のオーブンで約15分焼く。

5 — ブランデーアングレーズを作る。鍋に牛乳とバニラビーンズをさやごと入れて火にかけ、沸騰直前まで温める。バニラビーンズはしごいて中身を加え、混ぜ合わせる。

6 — ボウルに卵黄をほぐし、グラニュー糖を入れてもったりとするまですり混ぜ、5を少しずつ加えて混ぜる。鍋に戻して中火でたえず混ぜ、とろみが出たら火から下ろす。鍋底を冷水につけて粗熱を取り、ブランデーを加える。

7 — 4がふんわりと焼き上がったら、6のソースをかけながらいただく。

a

型を斜めにしてグラニュー糖をまぶす。砂糖をまぶすことで、生地が持ち上がる。

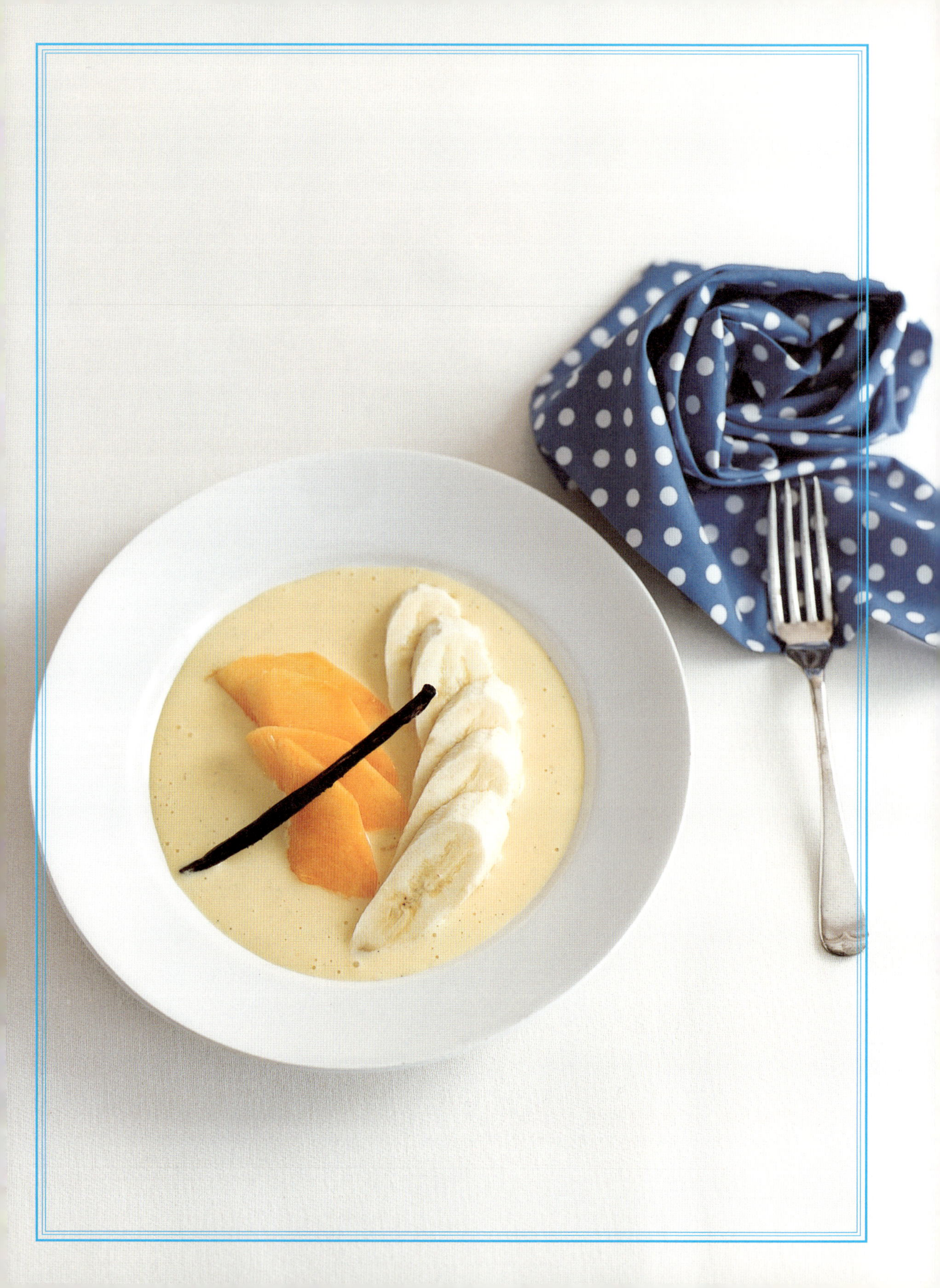

Mango and Banana Soup

マンゴーとバナナの卵色スープ

トロピカルフルーツの強い甘みを、ラム酒でなじませた大人の味。
ぽってりとしたソースをきれいに敷いて、気取った感じに。

材料（4～5人分）

卵黄　3個分
グラニュー糖　70g
白ワイン　大さじ4
牛乳　100ml
ラム酒　小さじ1
生クリーム　50ml
バナナ　2本
マンゴー　1個
レモン汁　小さじ½
バニラビーンズ　1本

準備

- 卵は室温に戻す。
- 皿を冷蔵庫で冷やす。

作り方

1 ─ ボウルに卵黄を入れてほぐし、グラニュー糖を加えて白くもったりとするまですり混ぜる。続けて白ワインを混ぜ合わせる。

2 ─ *1*に牛乳を加え、鍋に移して火にかける。ゆるくとろみがつくまで温めたら、火を止める。粗熱が取れたらラム酒をふり、生クリームを加えて冷蔵庫で冷やす。

3 ─ バナナは6mm厚さの斜め薄切りにして、マンゴーは食べやすく切り、レモン汁をかける。

4 ─ 皿に*2*のソースを敷き、*3*を盛りつけ、バニラビーンズのさやを飾る。

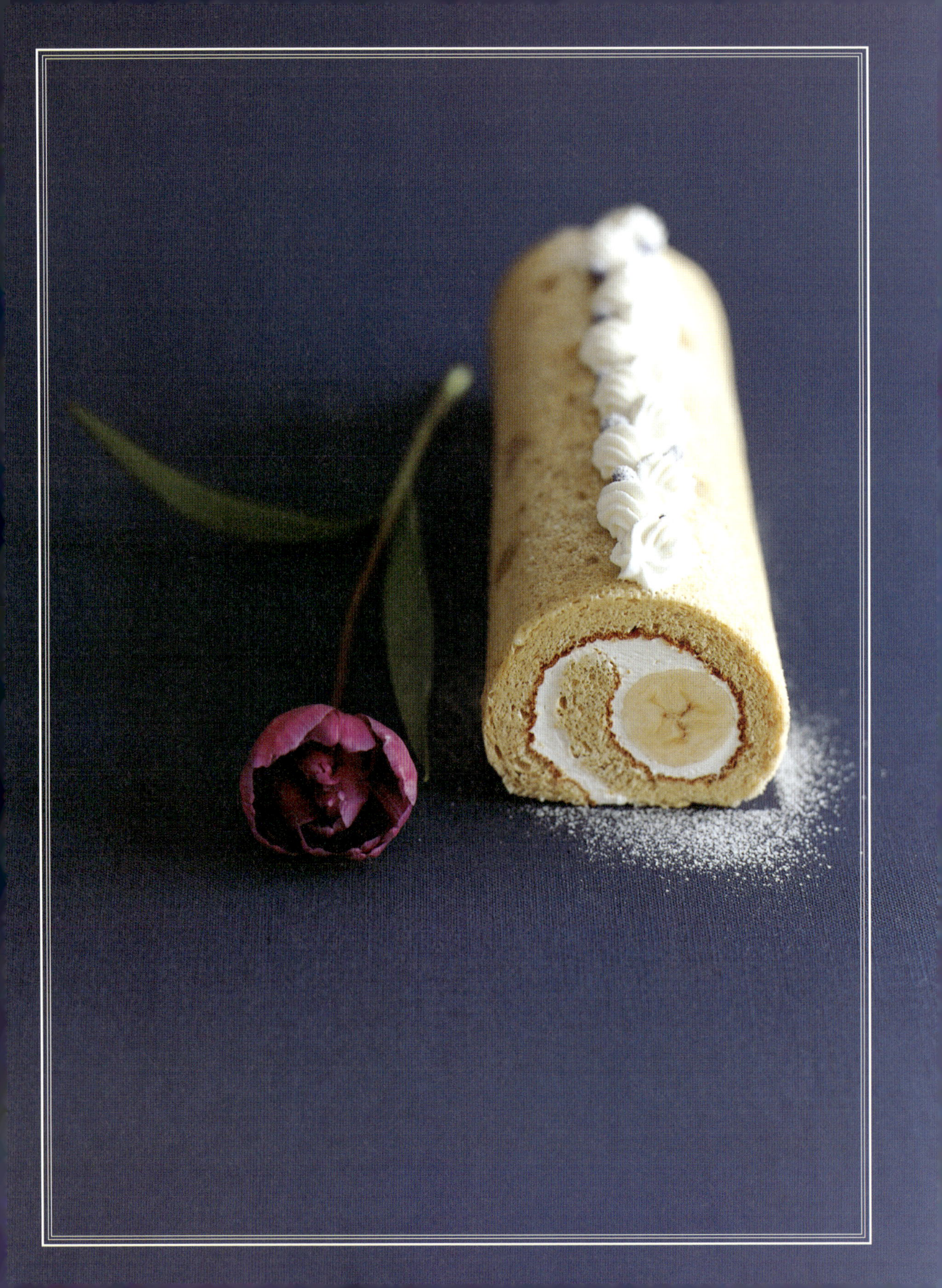

Banana Coconut Swiss Roll

バナナとココナッツのおめかしロール

バナナの甘さを吸って、しっとりとしたスポンジ。
クリームをちょんちょんとトップに絞り出したおめかしロールです。

材料（28cm角の天板1枚分）

スポンジ生地
- バナナ　1本（100g）
- レモン汁　少々
- 全卵　3個
- きび砂糖　50g
- 薄力粉　60g
- バター（食塩不使用）　5g
- 牛乳　10ml

ココナッツクリーム
- 生クリーム　200ml
- グラニュー糖　大さじ2
- ココナッツパウダー　大さじ3
- ラム酒　小さじ1

バナナ（中身用）　1と1/2本

ホイップクリーム
- 生クリーム　80ml
- グラニュー糖　小さじ2

砂糖菓子（バイオレット）、粉糖　各少々

準備

- 卵は室温に戻す。
- 薄力粉とココナッツパウダーはふるう。
- 天板にオーブン用ペーパーを敷き、四隅に切り込みを入れて立ち上げる。
- オーブンは200℃に予熱する。

作り方

1 ─ スポンジ生地を作る。バナナはレモン汁といっしょにフードプロセッサーにかけてピューレ状にする。

2 ─ ボウルに卵を入れてほぐし、きび砂糖を加えて湯せんにかけ、持ち上げたときに線が描けるくらいの状態まで泡立てる。薄力粉を加え、むらがなくなるまで、ゴムべらで混ぜ合わせる。

3 ─ 小鍋にバターと牛乳を入れて火にかけ、バターが溶けたら2に加えて混ぜ、バナナを入れてさっくりと混ぜ合わせる。

4 ─ 天板に3を流し入れ、200℃のオーブンで10分焼く。焼き上がったら、粗熱が取れるまで室温で冷ます。

5 ─ ココナッツクリームを作る。ボウルに生クリームを入れ、底を氷水に当てながら、残りの材料を加えて七分立てにする。

6 ─ 4のオーブン用ペーパーを一度はずし、焼き色がついているほうを上にして、オーブン用ペーパーの上にスポンジを置く。5のクリームをのせて全体にのばす。

7 ─ 中身用のバナナは5cm長さに切り、横に並べる（a）。バナナを芯にして手前からオーブン用ペーパーごと巻き（b）、ラップで包んで、冷蔵庫で約1時間休ませる。

8 ─ ホイップクリームを作る。ボウルに生クリームを入れ、底を氷水に当てながらグラニュー糖を加えてゆるく泡立てる。

9 ─ 星形の口金をつけた絞り出し袋に8のクリームを入れ、7の上に絞って砂糖菓子をのせ、粉糖をふる。

バナナは向きをそろえて手前に並べ、めん棒にオーブン用ペーパーを巻き込んで、持ち上げながら巻く。巻きやすいよう表面にナイフなどで筋目を入れても。

バナナのスイートドリンク

ちょっと変だけど、おいしそうな食べ物がたくさん出てくる『ふしぎの国のアリス』。
最初に出てくる飲み物は "Drink me" というラベルが貼られた瓶に入ったドリンクです。
アリスはその味をこう表現しています。
「さくらんぼのパイと、カスタードと、パイナップルと、
七面鳥のあぶら肉と、タッフィーと、
焼きたてのバタートーストを混ぜたような味」。
アリスはあまりにおいしくて、あっという間に飲みほしてしまいます。
とろっとした舌触りのミックスジュースを初めて飲んだときって
すごくおいしいので、何が入っているんだろう？
大好きなものがきっといっぱい入っているに違いない！と想像しました。
アリスのように言葉が豊かであれば、
そのドリンクを飲んだときのような感想だったのかも。

おいしそうな材料を用意して、ミキサーに放り込んで
混ぜるときって、魔法使いのような気分になりませんか？
バナナには何が入ってもおいしくなりそうな存在感があります。
アリスの飲み物にはバナナが入っていたのかも。
一度作ってみようかな！

Mixed Fruit Juice

アリスの飲み物を思い出す。

ミックスジュース

材料（2杯分）

バナナ　1本
りんご　½個
オレンジ　½個
はちみつ　大さじ1
レモン汁　大さじ1
氷　適量
水　100ml

作り方

バナナ、りんごはひと口大に切り、オレンジは薄皮を取る。ミキサーにすべての材料を入れて攪拌する。

Banana Shake

Banana Yogurt Drink

Milk Tea with Banana

定番の飲み物にきび砂糖のコクを足して。

バナナセーキ

材料（2杯分）

バナナ　1本
卵黄　1個分
きび砂糖　大さじ3
牛乳　200ml
氷　適量

作り方

バナナはひと口大に切る。ミキサーにすべての材料を入れて攪拌する。

仕上げのカルダモンが隠し味。

バナナとヨーグルトの飲み物

材料（2杯分）

バナナ　1本
はちみつ　大さじ2
ヨーグルト、牛乳　各100ml
カルダモンパウダー　少々
カルダモン（ホール）　少々
水　適量

作り方

バナナはひと口大に切る。ミキサーに、カルダモンのホールを除いたすべての材料を入れて攪拌する。グラスに注いでカルダモンのホールをのせる。バナナの輪切りを添えても。

ミルクティーに甘い香りを移して。

バナナ入りミルクティー

材料（1〜2杯分）

生クリーム　60ml
グラニュー糖　小さじ1
水　50ml
アッサムティーの茶葉　　大さじ1
牛乳　200ml
バナナ　1/3本

作り方

1 ― ボウルに生クリームを入れ、グラニュー糖を加えてゆるく泡立てる。
2 ― 鍋に水を入れて沸騰させ、アッサムティーの茶葉を加えて火を止める。そのまま2〜3分蒸らして牛乳を加える。
3 ― 再度火にかけ、沸騰したら火を止め、こしながらカップに注ぐ。バナナの輪切りと1を浮かべる。

まるで洗いたてのTシャツとデニムのようなカジュアルなイメージが強いバナナのお菓子。でも、今回はほんの少しだけおめかしさせてみたいと思ったのです。バナナって、もっといろんなスタイルに変身できるのかも……。
クラシックな欧風のお菓子に仕立ててみると、バナナはとても興味深い素材でした。複雑で芳醇な香りはとても個性的。なのに、どんなお菓子にもしっくりと上品になじみ、想像以上に魅力的なお菓子がたくさんでき上がりました。バナナの魅力を、このお菓子を通じて改めて感じていただけたら、とてもうれしく思います。

坂田阿希子（さかた・あきこ）

フランス菓子店・料理店勤務、料理研究家のアシスタントなどを経て、渋谷で料理教室「studio SPOON」を主宰。繊細で雰囲気のあるお菓子と、香りや音や温度が生き生きと伝わる、迫力のある料理が好評。あたたかみのあるアンティークの器やクロスをさりげなく取り入れた自宅には来客が絶えない。『抹茶のお菓子』（家の光協会）、『友だち呼んでおうちごはん』（角川SSコミュニケーションズ）、『覚えたい！傑作サラダ』（講談社）など、著書多数。

撮影：砂原 文
スタイリング：鈴木亜希子
構成・文：安原宏美
デザイン：大島依提亜
校正：安久都淳子
菓子製作アシスタント：相川 晶　木内絵里　鈴木夏美
Special Thanks：taa

材料提供：株式会社富澤商店
神奈川県相模原市東淵野辺4-26-9
電話 042-776-6488
http://www.tomizawa.co.jp/

器協力：Passe Compose Brocante
東京都目黒区中目黒1-1-52
電話 03-3792-6581
http://www.passecompose.jp/index.html

参考文献
『バナナ学入門』中村武久著
『名前が語るお菓子の歴史』ニナ・バルビエ著　エマニュエル・ペレ著　北代美和子訳
『ふしぎの国のアリス』ルイス・キャロル著　生野幸吉訳
『鏡の国のアリス』ルイス・キャロル著　脇 明子訳

バナナのお菓子

2009年9月1日　第1版発行

著者　坂田阿希子
発行者　柳楽節雄
発行所　社団法人 家の光協会
　　　　〒162-8448　東京都新宿区市谷船河原町11
　　　　電話　03-3266-9029（販売）
　　　　　　　03-3266-9028（編集）
　　　　振替　00150-1-4724
印刷　株式会社東京印書館
製本　株式会社ブロケード

乱丁・落丁本はお取り替えいたします。
定価はカバーに表示してあります。
© Akiko Sakata 2009 Printed in Japan
ISBN978-4-259-56259-5 C0077